AF287115

Svenja Leopold   www.svenjamusic.de

Franziska Röchter (Hrsg.)

So (ne) Nette

Lyrische Poesie
der Gegenwart im
Sonett-Gewand

chiliverlag

Bislang im chiliverlag erschienen:
Der Fisch ist Käse – Veggie? Voll logisch! (2012), nomi-
niert vom VEBU zum Veggie-Sachbuch 2013
Pfeffrige Sünde – Habanero Red, Erotische Lyrik (2012)
Halt! Dich! fest! Im Labyrinth der Blindfische, Satire,
Storys und Gedichte von 34 Autoren (2013)
Loser, Streber, Hirnis, Nerds – Vom Mobben, Lernen, sich
Bilden (2013)
poesía del paraíso infernal – poemas y fotografías de la
república dominicana (2013)
bis ans ende der zeiten, amen / sie ist ne domina (2013)

1. Auflage September 2013
(c) chiliverlag, Franziska Röchter, Verl
franchili / 7

Lektorat, Gestaltung, Layout: Franziska Röchter
Coverfotos und Innenfotos: Svenja Leopold /
www.svenjamusic.de

Printed in Germany
ISBN 978-3-943292-07-7   www.chiliverlag.de

Inhalt

INTRO

7

Haben nicht, ach und weh, Generationen von Dichtern gestritten für ihresgleichen und für die Leser, um uns alle zu befreien von Zwängen wie Reim, Versmaß oder gar der Form des Sonetts?

Soweit richtig: wenn es einen Zwang gäbe, im Sommer zwei Wochen faul am Strand herumzulümmeln, müsste man uns auch davon befreien.

Also – mag sein, aber damals war dies oder jenes wohl tatsächlich mehr Zwang als freie künstlerische Entscheidung. Und wenn wir von künstlerischer Freiheit reden, dann kann es ja wohl eigentlich nur um die Eröffnung neuer Möglichkeiten gegangen sein, nicht um das Verbot bereits vorhandener.

Heute ist es aber keine Heldentat mehr, kein Sonett zu schreiben. Man kann es tun oder lassen. Und wer es tut, wird feststellen, dass diese Form nicht nur ihre große Eleganz nicht verloren hat, sondern dass sich mit dieser auch spielen lässt, etwa durch eine Diskrepanz zwischen eleganter Form und – beispielsweise ekligem – Inhalt. Und das Sonett überlebt das ganz elegant.

Wer es tut, der wird vielleicht auch feststellen, dass die Kürze des Sonetts manchem Ansatz gut tut, dass die Form sich wie von selbst vorantreiben und Ideen liefern kann und dass ein solcher selbst auferlegter „Zwang" auch befreit von Platitüden und ausgetrampelten Pfaden, die in die Form nicht passen.

Es wäre vielleicht ein klein wenig seltsam, als Lyriker heutzutage nur noch SOnette zu schreiben. Aber während zweier Wochen, während derer man faul am Strand herumlümmelt, einmal nur Sonette zu schreiben, kann ich nur empfehlen.

Im August 2013   Alex Dreppec

FRANZISKA RÖCHTER

sonettsucht

sonette schreiben macht den dichter süchtig
wie pfefferminzbonbons und chilischokolade
ja! richtig! mancher ist gleich wie auf drogen
manch einer ballert von der edel-ballustrade

des dichterbergs mit inbrunst kerzengrade
am liebsten ne geschimpfte kanonade
auf falsche ‚freunde' die ihn ungeniert belogen
ein andrer hyperventiliert im frack nicht wichtig

sind ihm der darm-inhalt doch silikon-panade
die schmink- und lifting-sucht amorpher
                                        hirn-ergüsse
die maske auf dem matschgesicht: fassade

sind das was sinnfrei-existenzen hier umzwingen
so wie die schale um zig angeranzte nüsse
den hohlraum hält soll hier ne fessel lüste bringen

12

So nett? Mit Absicht nicht!

das Vierzehnzeilerstarpoem

ANDREA E. GECCHELIN

Kein Sonett!

Ich schreib jetzt kein Sonett! Mit Absicht nicht!
Denn jeder schreibt doch heutzutag Sonette.
Als ob man keine andre Wahl mehr hätte!
Ich schreib ganz einfach irgendein Gedicht.

Was jeder bloß sich vom Sonett verspricht?
Ein Modetrend, der rasch sich legt, ich wette.
Und da ich Trends nicht mag, die ich nicht sette,
leist ich auf den Sonettwahn gern Verzicht.

Ich lasse mich jetzt einfach mal so treiben,
plan gar nichts – außer: kein Sonett zu schreiben!
Weil mein Geist frei und unabhängig ist.

Ich kritzle nur so vor mich hin. Mal sehen:
was hab ich als Ergebnis nun da stehen? –
Jetzt ist es wieder eins geworden. Mist!

THOMAS RACKWITZ

über das sonett

vielleicht bin ich der hundertste der was darüber
schreibt
doch mag ich jenem thetisch-antithetischen entsa-
gen
und wer braucht schon synthesen an den freien
nachmittagen
an denen man sich lieber ausgeruht die augen reibt

wer liest schon jene starren monumente und ver-
bleibt
erstaunt zurück und sieht die antwort aller seiner
fragen
hineingepresst in eine form die kaum noch zu
ertragen
da sie das inhaltliche meist rhetorisch übertreibt

und wer sie noch versteht macht sie sich höchstens
selbst zu eigen
und schreibt für ein nur kleines formverliebtes
publikum
vom nichts das derart zelebriert man niemals darf
verschweigen

ich führe nur die hülle durch ein weitres säkulum
wie shakespeare einst beweine ich im vierzehn-
zeilen-reigen
zuweilen jede nichtigkeit mit viel brimborium

15

JAN-EIKE HORNAUER

Sonett drängendster Sehnsucht

Ach, übermächtig scheint mir mein Verlangen,
das mir mein Denken immer mehr zerfrisst
und wahrhaft schon ein sehr Spezielles ist.
Ich sag' nicht was, man würde mich sonst fangen.

In jackenweißer Anstalt eingesperrt verbrächte
ich – da der Mensch ja, was er nicht versteht,
am allerliebsten möglichst weit umgeht –
wohl fortan jeden Tag. Und alle Nächte.

Ach was, ich will die Wahrheit endlich sagen,
sie ist nach Bachmann immer zumutbar:
Der Lyrikgipfel lockt mich gleich Sirenen.

Nur fehlt mir das Talent, ihn auch zu nehmen.
Ja, das Sonett, das schaff' ich nicht, ganz klar,
selbst den Versuch trau' ich mich nicht zu wagen.

FRANK STÜCKEMANN

Sonnet en suite

Den Ball eröffneten die Gamben
Mit einem doppelten Quartett,
Wobei sich vierfüßige Jamben
Zu dem Pavanentakt gedreht.

Terzette folgen, Dithyramben,
Aus denen die Gaillarde besteht...
Das große Los der Dichtung – Amben:
Zwei Tänze bilden ein Sonett.

Aus diesem einen Paar entfalten
Sich die verschiedenen Gestalten
Der Suite, die darin vorgeprägt.

Man spürt die beiden schon durch ihren
Taktwechsel in den Ouvertüren,
Bis der Schlussvers zur Coda schlägt.

ANDREA E. GECCHELIN

Kritik an der bekanntesten Gedichtform italienischen Ursprungs
oder **Sonette find ich sowas von bescheuert!***

Sonette find ich sowas von bescheuert!
(Als Dame würd ich freilich niemals wagen,
„beschissen", wie's Herr Gernhardt tat, zu sagen.)
Wer eigentlich hat diesen Quatsch erneuert?!

Man hatt' mit Recht sie über Bord gefeuert!
Wer will in unsren fröhlich-freien Tagen
sich noch mit Regeln, Reim und Rhythmus plagen –
auch wenn man ihre „hohe Kunst" beteuert?!

Egal ob shakespeare- oder petrarkistisch:
ich find Sonette schlicht anachronistisch,
nicht wert, dass man sie ständig wiederkäuert.

Als ob in vierzehn Zeilen Platz man hätte,
was auszusagen! Also echt: Sonette,
Sonette find ich sowas von bescheuert!

*frei nach Robert Gernhardt

ANDREA E. GECCHELIN

Sonett kokett

Sonette sind so herrlich wohlerzogen,
so sittenstreng, so damenhaft. Allein,
es hat auch hier der schöne äuß're Schein
naive Augen wohl schon oft getrogen.

Vielleicht hat die Verfasserin gelogen?
Vielleicht war, was sie wollte, gar nicht fein,
die Seele, die da schrieb, durchaus nicht rein?
Vielleicht hat gar die Bosheit überwogen?

Man sagt, dass Clowns privat meist traurig seien.
Wie steht's mit der Sonettenschreiberin?
Medusen, Hexen zwängen sich bisweilen

ins Gala-Abendkleid aus vierzehn Zeilen!
Welch Glück, dass ich so brav und harmlos bin
bei meinen Aschenputtel-Tändeleien…

MARTIN EBNER

Nicht Sonett

So viele Menschen sind wie nie auf dem Planeten
und täglich mehr – obwohl auch viele sterben.
So viel, was sie zerstören und verderben,
indem sie andere mit Füßen treten.

So wenig Menschlichkeit auf dem Planeten
– trotz aller Weisheit und Philosophie –
so viel an Hass und Mord gibt es wie nie.
Und immer nur Raketen und Moneten.

Zum Weltraum strahlt die Erde weiß und blau
und ruhig, umrahmt von einem Band aus Wolken –
ein Paradies geteilt in Tag und Nacht.

Am Boden unten wird mir etwas flau:
Die Welt wird ja geschunden und gemolken
auch durch den Dichter, der Sonette macht.

ANDREAS SCHUMACHER

Eine ausgestorbene Gattung

Ich hab mal versucht, von Sonetten zu leben.
Ich schmiss meinen Job und begann im Akkord
von morgens bis abends Sonette zu weben.
Ich trieb dieses Handwerk als Hochleistungssport.

Ich schätze, ich habe Rekorde gebrochen,
in jener nun fernen, vergangenen Zeit.
Wie lang ich das durchhielt? So 2-3 Wochen.
Der Nervenzusammenbruch war nicht mehr weit.

Dann sandte ich wuchtige, duftende Packen
an jedweden deutschen solventen Verlag ---
doch dort, unterm Staub, den jetzt Ratten
bekacken,
dort liest sie kein Mensch bis zum heutigen Tag.

Denn die Menschheit starb anderntags aus, wie
bekannt.
Und heut schreibe ich nicht mehr, heut bin ich
Mutant.

MIRKO SWATOCH

Ich hab 'ne Neue jetzt

Ich liebe nicht Brunhilde und Anette.
Denn ihre Arme sind wie Beine lang,
sie hängen aneinander stundenlang
und machen selbst gemeinsam die Toilette.

Ich hab 'ne Neue jetzt, 'ne ganz adrette;
sie hat viel Schwung und einen leichten Gang,
Musik ist Leidenschaft, ihr inn'rer Drang.
Ich nenn sie gerne Schatz, auch stolz Sonette.

Sie liebt es sehr, dass ich sie bei mir trage,
ihr meine Gunst und Liebe ständig sage;
die Harmonie trägt sie bei ihrem Spiel.

Sie mag nicht leere Worte, endlos, viel,
die nichts als Schall und Lärm nur produzieren.
Sie schafft es, mich im Innern zu berühren.

MIRKO SWATOCH

SO NETT es klingt

Die Dichtkunst ist noch lang nicht aus der Mode,
wenn Kinder sich an Elfchen schon probieren,
die Großen kluge Denker rezitieren.
Nur eine Art wohl ringt noch mit dem Tode,

vergilbt in einer Lade der Kommode,
weil Thesen selbst zum Streit noch animieren,
Quartette und Terzette variieren.
SO NETT es klingt, die Sache hat Methode.

Nach nur fünf Sprüngen endet jede Zeile,
gleich vierzehn Mal, das schafft man ohne Eile,
und landet auf dem Schluss aus beiden Thesen.

Ist trotz der langen Reise Sinn vorhanden,
und wurde auch der Inhalt gut verstanden,
wird doch, was SO NETT klingt, wohl nicht
verwesen.

MICHAEL HEINISCH

Geehrte Jurorinnen und Juroren,

diese meine anhängenden Sonette
sind zwar durchaus für die Ohren
Klang-Gedichte. – Aber ich hätte

mich nicht eng, rigide, irgendwie
nicht gut* an den Klassik-Aufbau
halten können, ohne dass ich Melodie,
Rhythmus und Witz – versau.

So fand ich mich gezwungen
und hab dem Reim, dem Maß
gewisse Änderungen abgerungen.

Ich hoffe, dieser Eigensinn
wird weniger gesehn als Fraß
am Stil, denn als Gewinn.

*frei nach Robert Gernhardt

KAREN PLATE-BUCHNER

Frühlingssonett

Frühlingsgedichte? Kann ich doch nicht schreiben,
ich werde immer hinter Rilke bleiben
und Möricke. "Er ist's", nicht ich,
die Feder kratzt übers Papier, sträubt sich.

Frühlingsgedichte? Nach Herrn Hofmannsthal
ist alles andere doch eine Qual.
Was ist in seinem Frühlingswind nicht alles drin?
Da hat doch mein Versuch gar keinen Sinn.

Ich denke auch, dass, wenn er heute weht,
es wegen der Belastung überhaupt nicht geht.
Die Luft ist schließlich voller Emissionen.

Auch Hofmannsthal wär heute Aktivist,
weil Lyrik altmodisch und künstlich ist,
als Hilfeschrei würd sie sich gar nicht lohnen.

DIDI COSTAIRE

Sommersonett

Du willst dich inspirieren lassen
von jenem Grün, in dem du sitzt,
und die Natur in Verse fassen.
Der Bleistift ist zwar angespitzt,

doch Worte auf Papier verblassen.
Sie schlaffen ab, je mehr du schwitzt.
Du ölst und denkst dir: Du musst passen.
Die Hitze hat dein Hirn stibitzt.

Aufs Dichten kannst du schlicht verzichten,
sagst: Ohne Aufguss keine Sauna!
Du bist und bleibst halt ein Banause.

Derweil sich Biervorräte lichten,
vergisst du Flora wie auch Fauna.
Die Kunst macht heute Sommerpause.

THOMAS NEUHALFEN

Der Gott der Verse - Sonett aus Größenwahn und Kreuzreimen
(Introspektion: Das Gute, Schöne, Wahre)

Von diesem Text bin ich der Dichter!
Hier darf ich tun was mir beliebt.
Hier bin ich Schöpfer und Vernichter
von allem, was es darin gibt!

Ich kann mit meinen Charakteren
verfahren, wie es mir gefällt;
denn sie können sich nicht wehren.
Ich bin der Gott in ihrer Welt!

Nichts fürchtet dieser Gott so sehr
wie seines Textes Schluss,
wo alle Macht ein Ende hat.

Hinter dem Schlusspunkt geht nichts mehr.
In jedem, der da dichten muss,
steckt immer auch ein Psychopath.

BERNHARD OSTERSIEK

Mit der Sudel-Muse knuddeln

Noch einmal mit den Sudelbrüdern schmuddeln,
mit Gleichgesinnten so im Modder manschen,
im Hinter-, Vorder-, Untergrunde buddeln
und damit auf der Sudelseite panschen!

Kommt dort man als Poeta dann ins Flattern,
ins Holpern, Stolpern, meinetwegen Schaukeln,
verwundert's nicht, wenn dienstbereite Nattern
gespalten-züngig laut Entrüstung gaukeln.

„Wie können d i e nur", tönt's aus Köpfen, roten,
„beim Lyrikfestbankett so grässlich grunzen,
mit lehmverschmierten Sudelbrüderpfoten
das Vierzehnzeilerstarpoem verhunzen!"

     Die Sudel-Muse grinst derweil abscheulich:
       „Nur weiter, Jungs! Viel Spaß, und dann
               bis neulich!"

THOMAS RACKWITZ

du willst **GEDICHTE DIE ALS GÄSTE TAUGEN**
ich hab nur ungewaschne geister anzubieten
die gehn mir polternd auf die müden augen
und sind bescheidner nicht als parasiten

du weißt solch gäste passen sich der wohnung an
die schimmelt vor sich hin ich nehm's auf meine
kappe
hier fehlt tapete rostig tropft der wasserhahn
das meiste was mir blieb ist billige attrappe

vom idealgewicht sind meine gäste weit entfernt
ich lasse mich stets weiter in die ecke drängen
wie gern schmiss ich sie raus doch weiß ich nicht
wie's geht

sie plagen mich dass ich das leben hab verlernt
mir ist als würde ich an ihrem faden hängen
der mir so nach und nach den hals verdreht

(auf ein Gedicht von Thomas Kunst)

29

NORBERT J. WIEGELMANN

Auf der Spur

„Suchen Sie etwas?" fragte ein Mann.
Ich war erstaunt, denn er hatte Recht.
Er blickte mich freundlich-forschend an,
doch erklären konnte ich es schlecht.

Ich war einer Sache auf der Spur,
obwohl – eine Sache war es nicht,
es war eher geistiger Natur –
es handelte sich um ein Gedicht.

„Kann ich Ihnen nicht behilflich sein?"
Ich stammelte hastig: „Danke, nein."
Meine Spur war inzwischen verblasst.

Ich entfernte mich rasch von dem Platz
und habe – wenn auch nur als Ersatz –
die Begegnung in Verse gefasst.

NORBERT J. WIEGELMANN

Ausnahmsweise

Wer setzt sich denn heutzutage noch hin,
vertut seine Zeit mit Gedichte schreiben?
Der muss garantiert an Schlafstörung leiden,
auch sonst ist er wohl nicht so ganz bei Sinn.

Noch schlimmer ist, denk ich mir, der Befund,
wenn jemand sich gar an Sonetten vergreift,
damit – wozu bloß? – ein Vier-Zehnzeiler reift.
So etwas ist doch nicht wirklich gesund.

Deswegen kann ich nur dringend raten:
Hände weg von solchen Spielereien.
Von Frust kann man sich auch anders befreien.

Doch ausnahmsweise ist es geraten,
Sonette zu drechseln – hier muss es sein:
Sonst schafft man es nicht in dieses Buch hinein.

GISELA SCHÄFER

Vom Lesen

Als Anne noch ein junges Mädchen war,
da las sie viel, die dicksten Bücher nur,
egal, welch Inhalts – sie fand's wunderbar.
Das Lesen war für sie Entspannung pur.

Doch als sie später im Berufe stand,
'nen Haushalt hatte, Kinder auch gebar,
so dass sie kaum Erholung noch gekannt,
da war die Zeit zum Lesen äußerst rar.

Sie kaufte keine dicken Bücher mehr,
nur dünnere mit einzelnen Geschichten.
War'n die zu lang, so las sie einfach quer,
und auf Romane konnt' sie gut verzichten.

Am Ende warf sie alle Bücher fort.
Ab da gab's nur noch das gesproch'ne Wort.

HERMANN KNEHR

Moderne Dichter

Sieh'– es sind doch kleine Wichte,
die sich heute Dichter nennen.
Provozieren durch Gedichte,
ohne Poesie zu kennen.

Kein Gefühl mehr für die feine
Schwingung der Musik im Vers,
die die Zeile durch die reine
Rhythmik erst veredelt. Anders

klingen uns moderne Reime,
die wir irrtümlich so nennen,
denn es sind in Wahrheit keine,

sondern reine Satzfragmente
sinnentleerter Elemente,
die Musik und Klang nicht kennen.

ALEX DREPPEC

Metakritik sonettenrelativistischer Auto-thematik

Ein Sonett über solche Sonette zu dichten,
die selbst wiederum Sonette behandeln,
das hieße endgültig im Hamsterrad wandeln.
Viel spricht dafür, darauf ganz zu verzichten:

Das Spiegelbild seines Nabels zu spiegeln
nervt die Leser zu Tode, es ist ein Fluch.
Man riecht quasi schon den Modergeruch.
Lass uns diese Tür für immer verriegeln.

Das führt nur dahin, dass man's übertreibt.
Über's Dichten dichten – das lasse bleiben,
jede Metaebene wird es verschlimmern.

Wer über schreibende Schreiber schreibt,
die gerade über das Schreiben schreiben,
darf über der Leser Gewimmer nicht wimmern.

Bitter, Stout und Don Promillo

das Bier aus Vierzehnheiligen

FRANK STÜCKEMANN

Triolett d'entrée

Fast klassisch – edle Einfalt, stille Größe:
In einem Strahl aus aufschießendem Gold
Wird Bier gezapft, so oft man es gewollt.
Fast klassisch – edle Einfalt, stille Größe –
Gibt sich die pralle Blase eine Blöße.
Dann uriniert der kleine Trunkenbold
Fast klassisch – edle Einfalt, stille Größe –
In einem Strahl aus aufschießendem Gold.

FRANK STÜCKEMANN

Flowers

Der **Pub**, in den der Regen uns verschlug
– Innen verrauchter als draußen der Nebel –
Verzapfte **Beamish**, **Worthington**, **Red Label**
Und **Flowers**, nach welch letzterem man frug.

Nicht unter Druck, sondern mit Unterdruck
Wird es ins Glas gepumpt durch einen Hebel,
One pint of ale, randvoll, ohne Feldwebel
Und kohlesäurearm... Der erste Schluck:

Und was des Abgestandenen verdächtig,
Entfaltet sich im Gaumen derart prächtig,
Als ob den Himmel Sonnenlicht aufreißt

Und sich reife Getreidefelder dehnen,
Von deren Ähren man mit seinen Zähnen
Einzelne Körner abschält und zerbeißt.

FRANK STÜCKEMANN

Sundowner

Was ihren Namen anbelangt, enthalten
Zwei Biersorten, die man in England braut,
Charaktereigenschaften meiner Alten,
Und zwar die wichtigsten: **Bitter** and **Stout**.

Wenn ich dem schiefen Haussegen entwische
Und, nach Vergessen suchend, nebenan
In meiner Kneipe ein paar Gläser zische,
Erinnern diese Biere mich daran.

Und kehre ich, nachdem ich mich bedauert,
Ernüchtert heim, noch weit vor Mitternacht,
Hat sie mir an der Haustür aufgelauert
Und mir die Hölle wieder heißgemacht.

Doch war das Bier im Gegensatz zu diesen
Charakterfehlern durchaus zu genießen.

FRANK STÜCKEMANN

Vierzehnheiligen

Den Ölgötzen des Deckenfreskos schicken
Kunstsinnige wie Pilger ihr Gebet,
Wodurch bereits Familiariät
Am Himmel wie auf Erden zu erblicken.

Den Kopf zurückgeworfen vor Entzücken,
Mit stierem Blick, die Gliedmaßen verdreht:
Betrachtern und Betrachteten entsteht
Der Starrkrampf in ihren Genicken.

Dieselbe Haltung in der Brauerei
Des Klosters, wo seit achtzehnhundertdrei
Familie Trunk am Segen sie beteiligen,

Und Seligkeit schäumt über alle Maß
Durch ewige Anbetung aus dem Fass:
Nothelfertrunk – das Bier aus Vierzehnheiligen.

FRANK STÜCKEMANN

Im Dunstkreis

Westfalen untertreibt: Mehr Sein als Scheinen...
Wenn jemand dick geworden ist, beteuert
Man ihm, dass er gut aussähe, und steuert
Dem Suff er nicht, heißt es: Er mag gern einen.

Wer seinen Rausch ausschläft, der hat gefeiert;
Ob er anschließend wieder all die kleinen
Gedecke von sich gibt, schert wahrlich keinen,
Nur wer den Hof versäuft, wird abgemeiert.

Geht nachts der Stoff aus, kann der chronisch
Blanke
Beim Alkoholikernotdienst der Tanke
Noch immer Sprit und Sechserpacks erstehen.

Er wird zum **Beerslayer**, zum **Leberstumpfe**,
Zum **Don Promillo** und in diesem Sumpfe
Oder im Trockendock zugrunde gehen.

Jour d'Amour

ja greif nur einfach zu

JAN-EIKE HORNAUER

Kritische Selbstanalyse

Per Spiegel überprüfe ich Gesicht
und Körper (letztren: vorne, seitlich, hinten)
und muss am End' ganz objektiv befinden,
Gesamtbild: prima! Mängel: letztlich nicht.

Im Anschluss ist dann der Charakter dran:
Ich geh' – wobei ich zwecks Entspannung sitze –
gar gründlich in mich. Das Ergebnis: spitze!
Und nichts dabei, was gar nicht bleiben kann.

In Teilen bin ich also schon ein Hecht.
Und nimmt man diese dann auch noch zusammen:
Ja, heieiei, huiui, mein lieber Specht!

Wieso jedoch bin ich dann bloß allein?
Naja, die Frauen werden wohl entflammen,
jedoch für mehr zu eingeschüchtert sein.

JAN-EIKE HORNAUER

Musikstunde

Willst Du mir nicht ein kleines Liedchen spielen
auf meinem Instrument, das Körper heißt,
mir zeigen, was Du notenmäßig weißt,
so ohne auf die Noten arg zu schielen?

Willst Du in allerhöchste Schwingung bringen
nicht jede Saite, die sich an mir spannt,
nicht spüren, wie Dein Spiel mich heftig bannt
durch wahrlich virtuosestes Gelingen?

Ja, greif nur einfach zu und trau Dich was
bei Improvisation und strengem Spiel:
Erforsche die Musik, die in uns steckt,

vom höchsten Ton bis hin zum tiefsten Bass,
dazu spiel' leicht, gewagt, spiel' klar, subtil,
und herrlichstes Gefühl wird so geweckt!

HERMANN KNEHR

Odysseus und Athene
Die Begegnung

Sie stand am Baum gelehnt und lächelte
ihn an, vertraut und unverwandt,
der Wind, der ihre Haare fächelte,
verfing sich leicht in dem Gewand

und zeigte nackte Haut, so viel,
dass man den schönen Leib nur dachte
unter dem Tuch, den sie sonst kühl
und ungern so zur Geltung brachte.

Er staunte –, nie sah er ein Bild
von solcher Schönheit und ihr Schild
blendete heiß ihm ins Gesicht.

Dass dieses Lächeln ihm und nicht
den Göttern galt, ließ ihn erschauern,
ihr Schwinden sah er mit Bedauern.

HERMANN KNEHR

Mona Lisa

So rätselhaft wie dieser Blick
ist die Gestalt der schönen Frau.
Man weiß nichts über ihr Geschick,
zu vage und zu ungenau

sind die Berichte, wer sie war:
Geliebte, die den Fürst verschmäht,
des Händlers Gattin, oder gar
ein androgynes Selbstporträt?

Ihr Blick ist prüfend, unbewusst
nimmt dich ihr ganzes Wesen ein,
kein Hauch, der ihre Haare fächelt,

sie steht ganz ruhig für sich allein.
Und doch hättest du gern gewusst,
warum sie so versonnen lächelt.

GÜNTER LANGENBERG

Erkannt

Als sie ihn leichten Herzens freiweg fragte,
was er von ihrem Techtelmechtel halte,
gestand er, dass er sich in sie verknallte.
Er liebe sie enorm, wie er ihr sagte.

Als eines Tages doch der Zweifel nagte
in ihr und sich privates Unglück ballte
durch ihn aufgrund bestimmter Sachverhalte,
belog er sie, damit sie nicht verzagte.

Sie fand, er wolle immer nur das eine
und heuchle ständig zärtliche Gefühle,
um ihre Zuneigung nicht zu verlieren.

Geschlossen seien fortan Herz und Beine.
Sie hasse egoistische Kalküle,
schrie sie. Er solle sich verdünnisieren.

HELGA SCHULZE-KÄMPER

So nett wie seinerzeit

Der Mann ist auch nicht mehr, was er einst schien
Ihm schwant: nicht einer ist er, eher viele
Manieren hindern wenig, mehr Gefühle
So mancher möcht Liftangstanwandlung fliehn

Und Weiber – wohl jetzt völlig aus der Spur
Altherrenwitz – für sie kein Kompliment
Sind auch schon mal – trotz Ausschnitt! – abstinent
und schalten viel zu schnell gekränkt auf stur

So nett wie einst steh'n zwei nicht mehr
in Flammen
Und seh'n schnell rot, sind sie sich selbst nicht grün
draufhin dann schwarz – und geben sich leicht auf

Doch sind sie nun nicht länger mehr zusammen
schien sie ihm eh zu andro-, er ihr misogyn
um gleich sich neu zu binden – na, glückauf!

BARBARA SIWIK

Liebeserklärung

Noch sind die Tage hell und ohne Schatten.
Ich greif' vertrauensvoll nach deiner Hand.
Wann haben wir uns beide nicht gekannt,
wann nicht gewusst, was wir gemeinsam hatten?

Die Zeit eilt unaufhaltsam. Sie verwandelt
auch uns auf ihre eig'ne Weise gründlich:
Wir sind oft ungeduldig und empfindlich
und manches wird verbissen ausgehandelt.

Ich liebe dich, selbst wenn ich's mal bestritten.
Du liebst mich auch; nur ich vermag's zu sehen.
Von einer Wesenheit sind wir zwei Seiten.

Wenn unsre Tage in die Schatten gleiten,
werd' ich dich halten, wirst du bei mir stehen.
Dann mag es auf uns ein Gebirge schütten!

BERNARD OSTERSIEK

Am Meer

Das wilde Branden grauer Salzesflut
schlägt stets aufs Neue mich in seinen Bann
und facht Erinnerungen wieder an
von überschäumend-heißer Fieberglut:

Das Wellenrauschen klingt wie ein Salut
für das, was einst am Meeresrand begann
mit einem Blick, doch daraus wurde dann
ein Meer von Überschwang und Übermut.

Ist das auch lange her und längst vergangen –
die Brandung dröhnt wie damals in den Ohren
und hält den Augenblick von einst gefangen,

als ich im Schaum der Wellen, weltverloren,
dich sah und plötzlich glaubte, voll Verlangen,
es werde Aphrodite neu geboren.

ANDREA E. GECCHELIN

Robinsonja

Die Flut hat eine Planke angespült.
Es könnte sein: von einem Rettungsboot.
Sie liegt am Strand und stinkt im Abendrot.
Ganz kurz nur hat der Fund mich aufgewühlt,

dann ist die Hoffnung wieder abgekühlt.
Nein, niemand sucht nach mir mehr. Ich bin tot,
auf See verschollen. Alles ist im Lot.
Ein Liedchen hilft, wenn frau sich einsam fühlt.

Und wenn's mich juckt, an einem schönen Maitag,
such rasch ich für mein Bett mir einen Freitag.
Der kann's genauso wie du Idiot.

Du glaubst, du fehlst mir? Eitler Einfaltspinsel!
Ich fühl mich hier sauwohl auf meiner Insel:
auf See verschollen. Alles ist im Lot.

ANDREA E. GECCHELIN

Erotikprobleme einer Dichterin

Wann fände ich die Zeit, Erotisches zu schreiben?!
In jenem Augenblick, da heiß Apoll mich küsst,
ich selig bin vor Glück und Stoff zu schreiben wüsst,
just da hab – tut mir leid – ich Besseres zu treiben!

Da bin ich nicht bereit, mich rasch mal
zu entleiben,
auf dass den Stift ich zück – den erst ich
suchen müsst –,
da stell ich es zurück, mein geistiges Gelüst,
um voll Zufriedenheit beim leiblichen zu bleiben.

Und wenn mich selbst der Takt der Küsse
inspirierte,
die Schreiblust mich gepackt im schönsten
Mittendrin,
des Tatendranges voll nach Stift und Block
ich gierte,

hielt listig stets Apoll mir seinen Schreibstift hin –
was, brillenlos und nackt, ich recht erst registrierte,
als dieser munter schwoll im Griff der Schreiberin...

MARTIN EBNER

Jour d'Amour

Am Morgen knistert Feuer schon im Herd
und lässt die Säfte in den Adern kochen,
– ich fühl mein Herz in jeder Faser pochen –
sensationell bist du und so begehrenswert!

Am Mittag Übergang zu wilder Glut:
Es brodelt in den Töpfen unsrer Haute Cuisine,
es trieft von Öl und Schweiß und Protein
und duftet lecker ranzig in dem Sud.

Hinauf den steilen Weg bis zum Plateau!
Fanfaren tönen grell im Höhenrausch
und Glöckchen klingen schaukelnd am Gebälk.

Wir sinken abends müde ins Plumeau –
ein sanfter Seufzer und ein letzter Plausch.
Die Blüte dein, der Stängel mein – sie sehen aus
                                        wie welk.

DÖRTE JACK

So nett

Sex ist des Teufels und gehört zum Bösen
drum wird er an den höchsten Baum gehängt
halt deinen Körper gut bedeckt die Knie
verschränkt
denk keinesfalls an lustbereite Mösen

ich denke nie an spüre nur den Stoff auf
meiner Haut dem Hals den spitzen Spitzen
zupf ihn hier es schauert bis in alle Ritzen
ein Stück rutscht runter und schnell wieder rauf

denk nicht teuflisch böse oder göttlich gut
blicke tief die Augenlider fest geschlossen
würd nie tun was niemand lieber nie tut

fühl mich herrlich und von Herzen selig
lachend Knie an Knie fest reibend wohlgemut
der Teufel hoch am Baum schaukelt nicht wenig

ALEX DREPPEC

Verlängertes Vorspiel

Viktors Vorschlags (vorehelicher Verkehr)
Verwirklichung verlief vorerst verquer:
„Verdammte Viskose – völlig verschlossen!"
verkündete Viktor vernehmbar verdrossen.

Verheddert, verknotet, verdreht, verzwickt,
Viktor vermeldete vulgär: „Verfickt!"
Viktor vermutete volles Versieben.
Vera vermerkte verschüchtert: „Verschieben?"

Vera vernahm voll verschämtem Verzücken
Viktors verbessertes Vorrücken.
Verschlussvorrichtung vernichtet, verbogen.

Vernehmbar verstärktes Ventilieren:
Verschlüsse vergehen, Verschlüsse verlieren.
Vorhaben voller Verliebtheit vollzogen.

ALEX DREPPEC

Krötenkantate

Du suchst im Privaten nach Delikatem,
nach guten Taten, die Liebe verraten?
Ich rate: nimm' heute die Kröte als Bote.
Nimm eine gute, grünlich-rote und unbedrohte.

Dann kommt das unvertraute Krötengetute
Deiner Angebeteten in voller Breite zugute.
Schick' die Kröte in der Tüte auf postalischer Route.
Dann ist der Angebeteten exotisch zumute.

Die gute Krötenkantate tutet in voller Blüte
dann in ihrer Kajüte aus guter Krötentüte,
die einzig da steht unter allen Paketen!

Denn die balzende Kröte sagt mit ihrer Schnute
als Bote alles Gute mit frohem Getute
und Du findest den Draht zu ihr, den so erflehten!

DIDI COSTAIRE

Illustre Schnelllebigkeit

Die Silikon- und Stilikone Lilli
aus Illinois spielt Hillbillimusik.
Dem illiquiden Grillliebhaber Billi
erklärt sie illoyal und schrill den Krieg.

Der Pitbulllehrer Iliescu, Ilja,
Milliarden Millimeter weit entfernt,
isst Chili in der Chilllounge von Sevilla.
Er will ja, dass er Lilli kennen lernt,

und trifft sie: die Billetts sind gar nicht billig,
in Willis Balllokal ganz nah der Ill.
Ein Brilli macht dort Silly Lilli willig.
Nur der Gorilla an der Tür steht still.

Die Rollläden der Villa sind nun dicht
illuminiert von lila Urknalllicht.

DIDI COSTAIRE

Überflieger

Wir hatten uns gesucht und auch gefunden,
in einem heißersehnten Augenblick.
So ließen wir Vergangenheit zurück,
um gleich das Land der Träume zu erkunden.

Dann haben wir gebucht und sind entschwunden,
im Überflieger auf dem Weg zum Glück.
Die Hindernisse wären überbrück-
bar, hofften wir in wonnewarmen Stunden.

Wir haben unser Ziel im Flug erreicht,
doch blieben unentschlossen, dort zu landen.
Nun kreisen wir herum und müssen lernen,

dass wir uns immer mehr davon entfernen
und kurz davor sind, zweigeteilt zu stranden,
vielleicht erleichtert. Aber nur vielleicht.

DIDI COSTAIRE

Ich will

Ich will, dass wir in allen Lebenslagen
voll Hoffnung sind, beseelt vom Glück und heiter,
entspannt, und Tag für Tag ein Stück befreiter
von alten Lasten, die noch an uns nagen.

Die Zweisamkeit soll alles überragen.
Ich will dein Freund sein, Kumpel und Begleiter,
Verehrer, Partner, Herzblatt, Ross wie Reiter,
und dich auf Händen und im Innern tragen,

mit dir gemeinsam in die Zukunft schauen,
den Hindernissen leicht und locker trotzen,
genießen, Schweres unbeschwert verdauen,

uns warme, kuschelige Höhlen bauen,
in denen wir vereint vergnüglich strotzen
vor Zärtlichkeit, vor Liebe und Vertrauen.

58

FRANZISKA RÖCHTER

nacht der hunde / sangre y pan

wer hat uns unsre liebe nur gestohlen
es schwirren ihre ahnen in den lüften
sie hinterlassen schatten hinter klüften
und asche dort wo herzgebein verkohlen

wer hat uns unsre sterbenslust genommen
die frühlingsboten die nach weihrauch streben
den januszkopf im lila fliederleben
el día de los muertos wird bald kommen

lass leuchttagetes / liebste / gelb uns legen
vor kammerpforten für die nacht der hunde
und ringelblumen streun auf engelswegen

lass **calaveras** schmelzen süß im munde
schamanenpriestern opfern uns zum segen
dass staubgeweihtes lebensblut gesunde

FRANZISKA RÖCHTER

ave versace

sag schwester stört dich nicht die schwarze kutte
die sonne brennt und deine haut schlägt blasen
ich weiß zwar: schwarz bringt manchen mann zum
rasen
doch bist du braut so nicht / così fan tutte

hat doch gezeigt in welch fatal verderben
verrat uns führt / das straucheln von den wegen
gar niemals kriegst du so den göttlich segen
eh'r wirst im satanskleid du früh schon sterben

du unschuldskonkubine bist geblendet
prêt-à-porter war niemals mein bestreben
selbst haute couture dereinst im sargloch endet

doch in der zwischenzeit will ich noch leben
wie oft du auch dein weißes brautkleid wendest:
die liebeslust / sie ist doch gottgegeben!

FRANZISKA RÖCHTER

Courante

Hey, Mademoiselle, schwing noch mal deine Hüfte!
Gib mir die Dietrich wie sie jung an Jahren!
Erinner' mich als wir ein Pärchen waren
und Aphrodites Sperling durch die Lüfte

uns beide trug und du warst meine Myrthe,
Aglaea, Thalia und Euphrosyne
in einem, und grazile Ballerine.
Du warst der Himmel, der mein Feuer schürte.

Was blieb, sind Hayworths Kurven unterm Mieder,
der Monroe-Mund, Geburtstagshymnen hauchend,
der Knef'sche Aufschlag wimpernreicher Lider.

Ansonsten bist du heut oft giftig fauchend.
Doch sind auch steif die müden alten Glieder:
Hier steh ich hungrig, deine Liebe brauchend!

FRANZISKA RÖCHTER

natur pur

zu meiner linken heidi / eine hummel
die gartenarbeit schätzt und fleißig wienert
doch nicht nur blumen / mir auch liebedienert
und ehrlich / scharf zu stiefeln schaut ihr fummel

zu meiner rechten clara / streng und züchtig
die bücher liebt und bildung und benehmen
die lehrreich lenkt bei schwierigsten problemen
und gern entscheidet / dies auch meistens richtig

und ich / der hahn im korb / ich flirt mit beiden
nicht heidi nur / auch clara ist ne nette
an jeder mag ich anderes gern leiden

und jede hat wovon ich gerne hätte
jedoch muss ich mich heute noch entscheiden /
den garten eden wünsch ich mir im bette

was kann ich dir noch sein nach Jahren
vom Unbekannten wurd ich dir
zur rohen Flamme wie du mir:
ein Ort wo deine Träume waren

erkanntest du geklärten Blicks
mich später nach dem ersten Rausch:
ich wurde Wärme. Dieser Tausch
erhielt uns zwei. Vertraute Tricks

die üblichen Betrügereien:
so wurde ich dir innerlich
immer entfernter, beinah kalt

das Nicht-Vergessen, Nicht-Verzeihen
das sich in unsre Nächte schlich
wird nun zu Asche. Und wir alt.

MARCUS NEUERT

auf deinen Lippen schläft die Zeit
bewahrt das halbe Kind, den honigjungen
Schwung von erster Zärtlichkeit
noch ganz von Hingabe durchklungen

an mich. So wie ich war vor Jahren.
Ganz ungestüm, bedenkenlos.
Ich griff dich bei den goldnen Haaren
und pflanzte mich dir in den Schoß.

So lange her. Und wenn wir jetzt
ob schlafend oder wachend uns umfangen
halten wir anders aneinander fest

weniger aufgewühlt, nicht unverletzt;
gewachsener: nur noch ein körperlicher Rest
und unverwirrbar ineinander aufgegangen.

wer immer dich zu halten bestimmt ist
in unklaren Zeiten: ich bin es nicht.
Es ist ein anderes unruhig blakendes Licht
voller Selbstzweifel, das an dir frisst,

die Wegschatten in dämmernde Fragezeichen
schlingt, auf nichts eine Antwort hat,
ein mit Undeutbarem vollgekritzeltes Blatt,
das an dir Feuer fing. Wie gleichen

sich doch immer die kleinen Vernichtungen,
die man am Pegel der Regungen in sich misst,
unsere Jagden in unterschiedliche Richtungen:

Opfertäter mit Janusgesicht, dem Himmel fern.
Wer immer dich zu halten bestimmt ist
in unklaren Zeiten: ich wäre es gern.

HORST-WERNER KLÖCKNER

Die Farbe deines Haares

Die Farbe deines Haares schmeckt nach Flieder.
Die Welt macht Platz, da kommt mein Peugeot.
Wir rocken den Park, du schüttelst den Po.
Das Motto des Tages: mit dir immer wieder!

Die Rose im Gras umrankt uns're Glieder.
Schon liegen wir flach, gebettet auf Stroh.
Die Körper verschlungen, ich spüre so
Dein wogendes Beben im neuen Mieder.

Die Farbe deines Haares schmeckt nun nach
Ginster.
Das Auto, das kommt, ist diesmal ein Benz.
Die Finger frösteln, so kalt ist der Lenz.

Die Augen verschlossen, Gott – ist es finster.
Mit dir immer wieder, hier liegt der Bruch:
Die ewige Liebe bleibt nur ein Spruch.

NIKO SIOULIS

Sprachlos

Deine Haut so weich,
deine Lippen so zart,
deine Augen blau wie ein Teich,
und strohgolden glänzt dein Haar.

Deine Stimme: du bist mir eine Sirene;
betäubst Vernunft und Sinn.
Sobald ich sie wieder vernehme,
weiß ich, dass ich glücklich bin.

Unzählige Laute fließen aus mir,
überwältigt kann Ich nichts mehr sagen,
und das nur wegen dir.
Will es immer wieder wagen,

doch kommt der Satz nicht über meine Lippen.
So muss ich dir die drei Worte wohl tippen.

NIKLAS HOPPE

Abendlicher Ausflug

Hart stoßen graue Wolken in den Himmel.
Der Abfall stinkt, als wäre das normal,
Und eigentlich ist dieser Tag egal,
Da steht die schönste Frau an meiner Klingel.

„Ich komm. Jetzt hör schon auf mit dem
Gebimmel!"
Ruf ich und schnapp die Mütze und den Schal.
Ein Schritt hinaus. Mein Frauchen küsst genial.
Sie lacht und bläst den Rauch zu einem Kringel.

Auf einen guten Cognac fällt die Wahl.
Die zweite auch. Die dritte ist egal.
In Seide führt sie mich ins Stadtgewimmel.

Beim Küssen haucht sie zart: „Du kleiner Schlingel."
Verrucht verschmiert ein wenig ihr Kajal.
Die wohlgeformte Brust, ihr roter Schal...

Hart stoßen graue Wolken in den Himmel.
Der Abfall stinkt, als wäre das egal.
Ach, stünde jeden Tag an meiner Klingel
Das schöne Mädchen mit dem roten Schal!

BOWLS GÖTZKE

Polygonett: Der Mann, der dies dachte

Sonett I

Ein Auge des Netzes zertrümmert
das Bild eines sterbenden Schwanes.
Ein Leben, ein gänzlich vertanes,
beendet sich selbst, denn es wimmert:

„Ich fühle des Irrsinnes Randes!"
Der Mann, der dies dachte, durchtrennte
bei zitternder Kraft seiner Hände
die Adern zum Hals des Verstandes.

Ein Blutschwall wie sämige Suppe
gerann auf dem Weg zu den Leisten
und bildete Krusten dahinter.

Er glich einer farblosen Puppe;
ihn ängstigte sehr, ja, am meisten
die Realität seiner Kinder.

BOWLS GÖTZKE

Polygonett: Der Mann, der dies dachte

Sonett II

Die Realität seiner Kinder
bestand nur aus Regen und Bögen.
Sie wusste nichts von dem Vermögen,
der Bombe, dem Spiel und dem Zünder.

Der Mann, der dies dachte, erkannte,
wie würdelos er sich davonstahl.
Die Schuld traf ihn hart wie Beton/Stahl,
weil Reue zu spät in ihm brannte.

Die Frau, die er liebte, sie hatte
den Sex seiner Spielsucht verändert.
Er schwor ihr die ewigen Sätze.

Als Vater und treuloser Gatte
verfiel er dem heiligen Nennwert.
Das Bild ist ein teuflischer Götze.

BOWLS GÖTZKE

Polygonett: Der Mann, der dies dachte

Sonett III

Das Bild ist ein teuflischer Götze.
Im Farbrausch verliert es an Klarheit,
verschmiert die Essenzen der Wahrheit
und schlägt sie in goldene Netze.

Die Frau war schon immer im Bilde;
sie weiß um die Macht der Verblendung.
Ihr Wesen ist pure Vollendung,
geschwungene Linie und Milde.

Die Kurve als klare Ästhetik
der weiblichen Architekturen,
so kunstvoll ins Weltbild gezimmert.

Dagegen die kubische Metrik
der männlichen Strecken und Spuren:
Das Herz in der Brust, es verkümmert.

BOWLS GÖTZKE

Polygonett: Der Mann, der dies dachte

Tetragonett

Das Herz in der Brust, es verkümmert,
wo nur der Verstand sich bereichert,
damit es die Lüge auch leicht hat,
indes sich das Unheil verschlimmert.

Das wusste der Mann, der dies dachte,
als ihn seine Frau überführte.
Jetzt sah er sein Herz, weil er spürte,
welch tobenden Sturm es ihm brachte:

Er hatte die eigene Ehe
mit einer Mätresse geschändet
in Wollust, in rasender, blinder!

Erotik orgasmischer Höhe
erzeugt einen Rausch und verendet
im Auge des Apfels der Sünder.

BOWLS GÖTZKE

Polygonett: Der Mann, der dies dachte

Pentagonett

Im Auge des Apfels der Sünder
verlaufen die Farben zu Gräue,
und hier trägt das Ego aufs Neue
den schwärzesten aller Zylinder.

Der Mann, der dies dachte, begriff nun
die Folge von Kausalitäten.
Er fing wie ein Kind an zu beten
und hoffte auf göttliches Zutun.

Doch fraß ihn die Schuld seiner Taten,
er fühlte sich schlecht und verstoßen.
Ihm fehlten die ewigen Sätze.

Denn Weisheit erklärt sich auf Raten.
Vorm Tod eines heldenhaft Großen
rotieren die Kreise wie Klötze.

BOWLS GÖTZKE

Polygonett: Der Mann, der dies dachte

Hexagonett

Rotieren die Kreise wie Klötze,
sieh hin und du siehst Symmetrie.
Denn Gleichheit ist gültig, doch nie
mach Gleichgültigkeit zum Gesetze!

Der Mann, der dies wusste, zerbrach dran
und starb in dem Sog seiner Schande,
wodurch sich ein Tod nur verschlimmert.

„Ach, hätt' ich doch nur irgendwann
(ich sah mich dazu außer Stande)
mein Auge des Netzes zertrümmert."

BOWLS GÖTZKE

Polygonett: Der Mann, der dies dachte

Heptagonett

Ein Auge des Netzes zertrümmert
die Realität seiner Kinder;
das Bild ist ein teuflischer Götze.

Das Herz in der Brust, es verkümmert.
Im Auge des Apfels der Sünder
rotieren die Kreise wie Klötze.

SIEGFRIED STÖBESAND

SONETT

ICH
DU
DU
ICH

ICH
DU
DU
ICH

SEIEN
WIR
SEIEN

WIR
SEIEN
WIR

Stressmissen und Tantalustussen

das Störende

ALEX DREPPEC

Zwischenspeuzer

Ich hängte den Mantel auf, setzte mich nieder
in meinem prachtvollen Lieblingslokal,
ich bestellte die Karte und traf meine Wahl,
saß wartend beim Klingklang der
                                  Hintergrundlieder.

Da regte sich in meiner Kehle ein Jucken.
Ich griff zum Mantel, war auf der Suche
nach dem dort wartenden Taschentuche,
das Störende heimlich hineinzuspucken.

Dieser Plan war seit einer Minute vollendet,
als mir voller Schaudern ins Auge fiel:
ich hatte zum ganz falschen Mantel gegriffen!

Ich hatte das falsche Tuch wohl verwendet!
Ein Herr nahm mit Mantel den Ausgang zum Ziel.
Ich hab ihn auch nicht mehr zurück gepfiffen.

ALEX DREPPEC

Fußpflege – Kundenpflege

Die Fußpflegerin treibt vor festlichen Stunden
gern Kundenpflege bei Fußpflegekunden.
Zwölf Marmeladen, in Gläser gefüllt,
verschickt sie in buntes Papier gehüllt.

Ein Kunde denkt: „Das wird zur Fußpflege sein!"
und reibt sich den Fuß mit dem Glasinhalt ein.
„Wunder geschehen", mailt er ihr begeistert,
seitdem er den Fuß mit der „Salbe" bekleistert.

„Verworren die Wege, noch schräger der Sinn",
denkt sich erfreut da die Fußpflegerin,
kocht schnell noch mehr nach dem selben Rezept,

vermarktet als Salbe und Zusatz zum Bade
ganz à la nature ihre Ex-Marmelade.
Und wird schweinereich mit dem Firmenkonzept.

ALEX DREPPEC

Attila, vor Afrika

Nix mit Halali, auf nach Helsinki,
Alexandria, Adria, Afrika,
mit dem Sportcoupé von anno domini
kommst Du niemals nie heil bis nach Rimini!

Die Charakteristika Deines PKW:
Jeder LKW macht uns zu Pulverschnee.
Ein Sportcoupé mit soviel Patina
fährt man nur unter X Psychopharmaka.

Greif ins Brillenetui, liebes Attili,
lauter Schaumgummi, die Karosserie,
dem PKW fehlt doch das A und O.

Schau doch, nee, nee, alles Pappmaschee.
So auf Welttournee? So 'ne Schnapsidee!
Verschrotte das Cabrio subito.

ALEX DREPPEC

Antistressexzess

Wenn uns verbissene Stressmissen dissen,
weil wir uns lässig auf Sofakissen schmissen,
lass uns in diesen Straßen, diesen Gassen
voll Finesse mit krasser Gelassenheit prassen.

Wenn uns stressende Redeflüsse dissen,
sollen die Dissenden Gebisse vermissen,
denn wenn uns miese Stressbosse stressen,
müssen sie aus blassen Schnabeltassen essen.

Um mit passenden Meisterklasse-Grimassen
alles allzu Stressige ausgelassen auszulassen,
lass uns Stressiges mit Raffinesse vergessen,

Tantalustussen Exodusse verpassen,
uns ohne Unterlass mit Sofakissen befassen
und blasse Bosse mit Hornissenpisse benässen.

ALEX DREPPEC

Entsorgungsparks Erholungswert

Entsorgungsparks Erholungswert:
exklusiv, ernüchternd, empfehlenswert?
Ehrenwerter Energiewirtschaft
Ergebnis erscheint extrem ekelhaft.

Effekt: Erbrechen, Eskalation,
extremer Exzeme Expansion,
ekliger Exkremente Entweichen
erzwingt echten Edelmannes Erbleichen.

Erzwungene Enthaltsamkeit,
ergo Ehelebens Erfolglosigkeit,
erbarmungslose Erkrankungen eben.

Erbgut – Ernstfall entgegentreten?
Erfahrungsgemäß Evakuierung erbeten.
Endlich: endendes Erdenleben.

Von Beruf Tochter

die Rechnungslegung

ANDREA VAN BEBBER

Früher gut, alles gut

Das Muttchen seufzt, seit Jahren schon. Erschüttert
schwenkt es das weise Haupt: voll Blut und
Wunden
ist diese Welt, wie hat sie sich geschunden!
der Enkel rollt die Augen, schweigt und twittert.

Schon schlägt des Muttchens Ärger große Wellen:
Das alles hätt es früher nicht gegeben,
sagt sie, und Kinder waren noch ein Segen –
heut werden sie en gros zu Kriminellen!

Da zischt der Enkel übern Tisch: Mal ehrlich,
so eine kleine Judenhetzjagd – herrlich!
Voll Zorn schlägt er's dem Muttchen um die Ohren:

Ja, Killerspiele damals, die warn echt,
das Meucheln, Morden ganz legal, gerecht!
Das Muttchen schweigt. Den Krieg hat es verloren.

KAREN PLATE-BUCHNER

Der Startenor

Ich kaufe nur die allerbesten Karten,
wenn mein Tenor die Heldenrolle singt,
anscheinend mühelos das hohe B erringt,
kaum kann ich seine Arien erwarten.

Nur seiner Stimme lausch ich hingegeben,
hingegen küsst er hingegeben die Aida,
ein solches Traumpaar war tatsächlich nie da,
es gibt nichts Schöneres in meinem Leben.

Am Ende klatsche ich ergriffen Beifall
und wische meine heißen Tränen ab,
denn ich will gleich darauf zum Opernball.

Ich bin seit seinem ersten Auftritt mit dabei.
Obwohl ich nie was von Musik verstanden hab,
galt mir als Mutter schon sein erster Schrei!

FRANZISKA RÖCHTER

sohnett

mein junge / glaub mir dir wünsch ich viel glück
du warst das beste was mir je passiert
ist / lässt du mich auch schniefend hier zurück
ich bin geneigt dass sich auch das verliert

der jungen perle die dich fortan ziert
wünsch ich mit fug und recht genau das gleiche
doch soll sie bloß nicht denken dass ich weiche
auch hoff ich nicht dass sie dich nun regiert

wie schön wenn eure liebe lange hält
ihr beide seid ja sicher kampfgestählt
ein jeder kriegt halt das was er sich wählt

wenn mir auch das proced're nicht gefällt
das einzige seid ihr ja selbst was zählt
doch kommt mir bitte bloß nicht wegen geld

FRANK STÜCKEMANN

Veni Creator Spiritus

Sie halten sich in ihrer Albernheit
Mit nunmehr siebzehn Lenzen schon für Dämchen,
Und kichernd folgen diese Tittenlämmchen
Ganz der Geschmacksverirrung ihrer Zeit.

Man gibt sich einen Anstrich von Problemchen,
Macht Stunden sich im Badezimmer breit
Und steuert seines Fleisches Blödigkeit
Mit Wattebäuschchen, Pinselchen und
Schwämmchen.

Durch diese Aufmachung als Sonderangebot
Mit Lidschatten und penetrantem Rot
Auf Lippen, Wangen, Fuß- und Fingernägeln

Wird jedwede Kosmetik hundertfach
Von der Substanz her durch die Prüfung segeln:
Das Fleisch ist willig, und der Geist ist schwach.

FRANK STÜCKEMANN

Hauptberuf Tochter

Mit welchem Aberwitz du all die vielen
Rechtfertigungen deiner selbst anführst,
Um weiterhin das Nesthäkchen zu spielen,
Zumal du heute vierzig Jahre wirst!

Wie du den Mann um eines Kindes willen
Zum bloßen Samenspender degradierst,
Entbindest du... dich von Muttergefühlen
Und hälst den Eltern auf, was du gebierst.

Dasselbe Spiel hast du mit deinen Lieben
– Beischläfern, Eltern oder Kind – getrieben,
Die du benutzt, abhalfterst, fallen lässt.

Du kannst nicht lieben, lediglich ausbeuten;
Ein Mensch nur hat dir etwas zu bedeuten:
Das bist du selbst in deinem Kuckucksnest.

FRANK STÜCKEMANN

Mutterliebe

Geld wird veruntreut, weil man Arbeit scheut;
Man braucht es nur zu waschen und verwalten
Und kann sich dabei prächtig unterhalten,
Jahrzehntelang, auf Kosten andrer Leut'.

Nun steht das eigen Fleisch und Blut bereit:
Längst volljährig lässt es sich von der Alten
Für- und vorsorglich unselbständig halten...
Sie zahlt sich aus, diese Bequemlichkeit.

Nur der Gedanke an die Rechnungslegung
Versetzt Madame in panische Erregung,
Weil sie die Wirtstiere verlieren kann,

Durch deren Weichspülung sich die gestörte
Zwanghaftigkeit parasitär ernährte,
Der Habgier treuer als jedwedem Mann.

FRANZISKA RÖCHTER

missraten

der eine ist ein krasser egomane
‚den hast du wohl als kind zu stark verwöhnt!'
der and're ging mit siebzehn von der fahne
die eignen eltern war'n per se verpönt

der dritte wohnt mit dreißig noch bei muttern
liegt jeden tag bis nachmittags im bett
tut gar nichts außer sich durch schränke futtern
gibt es mal nichts dann zeigt sich wer hier nett

ist oder wer in wirklichkeit psychosen
herangezüchtet hat durch vieles schlafen
wenns hochkommt wechselt er die unterhosen

zwölfmal pro jahr und nur für den psychiater
die mutter klagt: wer will mich nur bestrafen?
der arzt schimpft: wieso ha'm die auch kein' vater!?

FRANZISKA RÖCHTER

moralischer krüppel

die mutter sagte: kind, wo ist dein anstand?
der vater meinte: mach doch erst mal handstand!
der bruder: lass erst mal dein hirn durchbluten!
die schwester blätterte in den statuten

des arbeitsamtes das das schreiben schickte
derweil wurd oma in dem heißen ofen
zu staub verheizt sie kann nun ewig poofen
dies alles ging an ihm vorbei / er fickte

die frau die ihn zum kriegsbeil animierte
zum zweck des unterhalts den rechtsweg zu
bestreiten
ihn nötigte: nimm sofort diesen anwalt!

nach einem blowjob ließ er sich dazu verleiten
was seinen alten eltern daraufhin passierte
bekam er nicht mehr mit er sitzt jetzt in der anstalt

FRANZISKA RÖCHTER

pleiten pech und pannen

die mutter liegt erneut – final – im sterben
das kind braucht plötzlich viel mehr insulin
der sohn denkt sich: wie kann ich jetzt schon
erben?
das herz des vaters: mittlerweile hin

ne hiobsbotschaft toppt noch das geschehen:
der möchtgern-erbe hat sich fortgepflanzt
die schwiegertochter liegt schon in den wehen
im beichtstuhl hat die oma sich verschanzt

ein weit'rer sohn gibt **butter bei die fische**
er sagt: bei mir war immer was verkehrt
Ivanovic heißt er ist keine ische

ja selbst die oma wurde nun belehrt
letaler outing-ausgang gleich bei tische
das kommt davon wenn menschheit sich vermehrt

Das Schicksal stinkt

eine irre Zeit

THOMAS RACKWITZ

drunten

hades lässt per touchscreen die verdammten
wimmern
aus antiquierten kesseln sickert schwarz das
gestern
das schicksal stinkt mir juckt die kimme
im abraum fressen würmer an den fresken

du bringst mich um die ecke
ziehst dich an dämonen tanzen pogo überfüttert
vom fkk-strand grüßt ein abkömmling des pan
sein panzer hängt im styxschlamm fest verwittert

ein köter nagt drei knochen ab vom tor
der bootsmann ist aus seinem boot gekippt
tot schielt der weihnachtsmann im ofenrohr

dort wo es x-fach horizonte gibt
tun mir die schatten in den augen weh
versteh ich dass ich nichts für wieder nichts versteh

THOMAS RACKWITZ

ho! ho! oh!

der weihnachtsmann stammt aus dem
schattenreich
sein weißer bart verdeckt nur die furunkel
in seinem sack beginnt und hört das dunkel
von jeher auf zu sein er stylt sich immer gleich

und trägt stets satans mantel weil er rot und weich
ist glänzender als sterngefunkel
wie er das feuer liebt mit viel gemunkel
taucht er in die kamine wie ein fisch im teich

er lässt sich helfen und auch finanzieren
mit spenden die er größtenteils verfrisst
und trotzdem hilft auch hier kein lamentieren –
wer ihm misstraut bekommt nur blöden mist

auch scheißt er ohne dabei je rot anzulaufen
genauso wie der teufel auf den größten haufen

HELGA SCHULZE-KÄMPER

Bin einfach hier
Zur Aufführung ‚WIE WEIT GEHST DU?‘
Alarmtheater Bielefeld vom 15. 3. 2013

Sie wirbeln wild und quer durchs Bühnenrund
um kraftvoll weit zu springen, warm zu singen
Jedoch – so stark sie unserm Ohr auch klingen
sind ihre Seelen schwer, tief traurig, wund

Sie nehmen uns bei ihrem Wort, wie's scheint:
'Vieltausend Kilometer hab ich hinter mir.'
'Noch bin ich nicht am Ziel.' ‚Bin einfach hier.'
‚Ich hab ein Wort gefunden das nicht weint.'

Sie sprechen nicht die gleiche Sprache, sind allein
Kein 'Woher' gleicht dem ander'n, kein 'Warum'
Sie alle: junge Menschen, abgehau'n

Aus Enge, Ängsten, Armut, Todespein
entfloh'n sie dem, was Heimat war ringsum
mit unbändigem Lebens-Selbst-Vertrau'n

HELGA SCHULZE-KÄMPER

So nett?
Allein mir fehlt der Glaube...

Wie Hagelschauer kommt es über Dich:
tagfrische Meldung über Tod und Pein
Armut, Zerstörung – alles kurz und klein
selbst Banken wanken jetzt allabendlich

Im Dunkel ruhlos unbeschlaf'ner Nacht
kriechen Taggespenster flink aufs Kissen
Schreckensbilder – weltverstört, zerrissen

und bisher sorgsam weggedrückt, bewacht
Wie lang gelingt's, Bestürzung zu verjagen?
Verhältnisse nur weiter zu beklagen?

Dich schüttelt es – doch Untergang, Weltwidrigkeit
nach neuster Hiobsbotschaft: Hirngespinst!
Drum hör sie wohl. Allein auch Du gewinnst
wohl Impressionen einer irren Zeit

JAN-EIKE HORNAUER

Europa

Europa, ein Gedanke voller Größe
bist Du, weit mehr als nur ein Kontinent,
in Dir wird nun vereinigt, nicht getrennt,
und doch behältst – zu Recht – Du viele Schöße.

Doch: ach, wie schnell und leicht wirst Du verraten,
wie sehr bei selbst der kleinsten Schwierigkeit
durchrüttelt und bedrängt! Und wie erst schreit
das Volk, verlangst Du einmal echte Taten!

Zu oft bleibt noch die Dimension verborgen,
Europa, die Du wahrhaft in Dir hast.
Und stehst vor allem Du für Furcht und Sorgen,

ist's weil man Dich im Grunde nicht erfasst.
Doch bleib' uns treu: Uns leuchtet schon ein
Morgen,
vor dem – im Frieden! – alles sonst verblasst.

JAN-EIKE HORNAUER

Kleiner Korrekturversuch hinsichtlich der ebenso aktuellen wie fast durchgehend grotesken Sexismusdebatte

Sexismus – das wird allerorts besprochen,
privat und öffentlich wird breit parliert
und endlich mal so gänzlich ungeniert
die Lanze für die Opfer (Frau'n!) gebrochen.

Doch findet sich's Gesagte im Realen
auch wieder? Bös' sind Männer, haben's leicht
und per Geburt ja alles schon erreicht.
Und Frauen geben nicht, sie leiden Qualen.

Verwerft doch endlich solche Stereotypen!
Eröffnet, wenn schon, eine Diskussion!
Es sind die Männer doch nicht nur Polypen,

und Frauen prägen doch das Schlechte schon
so lang wie Männer. Gleiches gilt fürs Gute.
Schlicht falsch ist: Demut hier und dort die Rute.

ANDREA E. GECCHELIN

Gedenkstätte

Der würzig-süße Duft des Sommergrases,
das Grün der Bäume auf dem Hügel dort:
ein fast idyllisch hübscher, stiller Ort...
Von hier bis zu dem Wäldchen drüben maß es

und mehr als Hundertfünfzigtausend fraß es.
Heut sind die Gleise und Gebäude fort.
Ein Stein erinnert an den Massenmord.
Doch keine Spur mehr vom Geruch des Gases.

Schon fast verweht, die Spuren jener Zeit.
Was fühle ich? Ungläubig-, Traurigkeit...
Celans Gedicht vom Meister Tod: ich las es

im Bus noch einmal. Doch die Luft durchzieht,
als lächeltest versöhnt du, Sulamith,
der würzig-süße Duft des Sommergrases.

BERNARD OSTERSIEK

William Blake

In Chichester da stand er vor Gericht,
weil er der Freiheit einen Dienst erwies
und Thomas Paine nach Frankreich flüchten ließ:
Die Handlung von historischem Gewicht,

die heute noch für seine Kühnheit spricht,
der sonst in seines Ateliers Verlies
politische Ideen in Kupfer stieß
und Visionäres formte zum Gedicht,

gefährdete sein eig'nes höchstes Gut;
denn Hochverrat warf ihm die Staatsmacht vor,
die selbstgewiss oft auf Gesetzen ruht,

die elend klingen in Justitias Ohr –
doch diesmal zeigten auch die Richter Mut,
so dass er s e i n e Freiheit nicht verlor.

KAREN PLATE-BUCHNER

Berlin – So nett?

Alle Messen sind gesungen,
Zugetextet ist Berlin.
Alle Alten, auch die Jungen,
Schrieben hier ihr Evergreen.

Linie 1 und Strandbad Wannsee,
Nichts blieb Pegasus verborgen.
Fernsehturm und Stalinallee
Machten Dichtern wenig Sorgen.

Was bleibt mir als Epigone,
Der ich hier schon immer wohne,
Von der für mich ew'gen Stadt?

Die Berliner, Wasser, Grün,
Rentner, Hunde, Tauentzien,
Und was sie sonst zu bieten hat.

Berlin, so nett !!!!

ANDREA VAN BEBBER

Bosnien 1996

Nur ein paar Schritte noch bis zu dem Tor
aus Holz, auf dem noch unser Name stand.
Der Kleine schrie auf ihrem Arm. Sie fror.
Kein Wort sprach sie. Ich suchte ihre Hand.

Wir waren drei. Allein. Der Vater tot.
Als ich im Keller neben Mutter schlief,
ihr Atem mich nicht schonend mehr betrog,
im Schlaf zerbarst und laut nach Vater rief.

Die blasse Morgensonne wärmte nicht.
Ein Nebelstaub kroch durch die Trümmer.
Sie brachen unter ihren Füßen, trieben

der Mutter Tränendreck auf ihr Gesicht.
Sie nahm uns fort. Kein Wiedersehn. Für immer.
Ging durch das Tor. Es war uns nichts geblieben.

ANDREA VAN BEBBER

Ukraine 1930

Nur dieses eine Bild, schwarz-weiß, was blieb,
ich hab ihn nie gekannt. Sie kamen, holten
ihn mit Gewehren, schlugen ihn und drohten,
sie waren viele. Mutter schrie, sie hielt

mich auf dem Arm, der Vater musste gehn.
Gebeugte Rücken, nicht ein Wort, nur einen
versteckten Blick, er sah ihr stummes Weinen –
die Augen konnten längst im Schweigen sehn.

Sie kamen wieder, bald schon, alles haben
sie uns genommen: Vater, Haus – sogar
den alten Tisch, der kaum ein Tisch noch war,

selbst noch das Stroh, auf dem vier Kinder lagen.
Wir lebten. Mutter auch. Ihr Lachen starb.
Erwachte einmal nur: Sie lag im Sarg.

ANDREA VAN BEBBER

Fang mir bloß nicht damit an

Nur wegen der Gemütlichkeit. Am Anfang.
Erst manchmal und dann jeden Abend, bis
Gewohnheit, wie es ihre Art ist, langsam,
doch stetig Stund um Stund einnahm. Sie ließ

am End sich morgens nieder schon. Und kam
ein Zweifel, viel zu schwach und schwankend, hieß
es nur: Zum Wohle, gut fürs Herz und fang
mir bloß nicht damit an. Zuletzt verließ

der Zweifel die Gewohnheit, keiner rief
ihn vor der Zeit zurück. Zu spät. Verflucht
die halben Tritte, zögernd, weit verstreut.

Warum hat die Sirene nicht geheult,
zerspringen lassen jedes Glas? Die Flucht
war eine falsche, taumelnd ging sie schief.

DIDI COSTAIRE

Halbwahrheiten

Die Krise ist vorbei. Den Schaden spüren wir.
Es geht bergauf im Land, doch Schulden wachsen an;
wir schaffen Hand in Hand, ermuntern neue Gier:
Malocher werden freigesetzt, sind übel dran,

und Phrasendrescherei – der Herrschenden Pläsier –
wird rigoros verbannt! Es grüßt der Weihnachtsmann.
Des Glückes Unterpfand (wie Flaschenpfand / Hartz IV)
bleibt keine Faselei. Was manchen recht sein kann.

Die Zukunft strahlt ja hell im Scheine kleinen Lichts
und leuchtet uns den Weg. Der führt uns nirgends hin.
Die Chancen sind reell, dass jeder Ruf verhallt;

das macht den Menschen froh. Wer sieht schon gern ins Nichts?
Man lebt erträglich träg, und fragt nicht nach dem Sinn,
da alles läuft und sowieso am Schluss zerknallt.

DIDI COSTAIRE

American way of life

Du liebst Amerika und preist
die unbegrenzten Öffnungszeiten.
Der Wilde Westen und der Geist
der Freiheit sind es, die dich leiten.

Wenn du im dicken Chevy reist,
umgeben dich Naturschönheiten.
Du schwärmst von Hollywood und weißt:
Dein Land liegt vorn, für Ewigkeiten.

Von Größe sprichst du und von Weite,
doch grade das gibt Grund zur Skepsis.
Vor allem du gehst in die Breite.

Da sieht man nur die Flakes und Chips,
die du vertilgst, samt Shakes und Flips,
die Burger, Muffins und die Pepsis.

DIDI COSTAIRE

Heiliger Bimbam

Er ist erschienen, in der Gegenwart,
gerät dabei unweigerlich ins Wanken,
denn nicht nur er hat einen langen Bart,
auch die Geschichten, die sich um ihn ranken

sowie sein aktueller Gegenpart
mit jenem Jutesack in seinen Pranken,
um den sich heutzutage alles schart.
So macht sich Jesus vielerlei Gedanken,

wenn fremde Menschen ihn für Wochen feiern,
mit Tannenbaum, bei Kerzenschein und Punsch.
Im Dunstkreis feiner Düfte rollt der Rubel.

Vielleicht wähnt sich Herr Christus unter Geiern
und hätte zum Geburtstag einen Wunsch:
Entlasst mich bitte aus dem ganzen Trubel!

THOMAS RACKWITZ

kinematograph
„Wir schieben geil und gähnend uns ins Freie"
– Jakob van Hoddis –

die story war von gestern (nach schablone)
mit hollywood-vertretern zweiter klasse
der star zu früh erhoben zur ikone
und dank der vielen drogen immer knapp bei kasse

sein weibliches pendant schlief oben ohne
beim sex ließ sie sich doubeln für die massen
der rest beschränkte sich auf asynchrone
verrenkungen gesülze und grimassen

am ende fanden beide zueinander
nach dem erstfreudekurzewendungglücksprinzip
samt heiratsanthraxkitschapotheose

der abspann war um längen interessanter
allein das popcorn war's was hängen blieb
der film wie heut die meisten tote hose

ach Herr: wenn ich durch diese Städte treibe
über die alten Plätze, wo Wohnsitzlosenmonologe
ungehört verhallen und halbe Kinder sich die
Droge
der Erwartung gegenseitig cool verkaufen, bleibe

ich innerlich fast unberührt. Hinter die Lider
schiebt sich das innre Gift, das keine Trauer
zulässt. Und es errichtet eine Mauer
gegen jedes weiche Sentiment. Und wider

jegliche Enttäuschung. Die Ängste sind verzurrt
doch nicht gelöscht durch Deine gute Kühle
die ich ja nur aus Deinem Wort zu schöpfen
bräuchte:

der wieder nicht gewagte Trost. Und in mir murrt
und meutert eine unbestimmte Sehnsucht. Wühle
mir doch die Tränen auf. Und halte mich.
                                        Und leuchte.

FRANZISKA RÖCHTER

criminal

wie eine schleimspur kroch sie durch sein leben
gebar tentakel die ihn straff und eng umschlangen
gewundenes log ihm aus augen wangen
als er begann erfolgen nachzustreben

als ausdruck seiner ‚leistung' zwang man seinen
gewillten körper in jacketts und enge hosen
ließ ihn auf roten samtbrokaten posen
um ihn dann per gesetz mit sich zu ‚einen'

man riet ihm die vergangenheit zu kappen
ein neuer perso warb für dröge dorffriseure
die zweifel dämmten sexy schlachteplatten

so ließ man ihn in fiese fallen tappen
die feinarbeit erledigten charmeure
dann ließ man hintertüratrappen schnappen

FRANZISKA RÖCHTER

gecleart

er hatte wenig ecken wenig kanten
und passte immer wie die faust aufs auge
partiell verglich man ihn mit seifenlauge
nur anders formuliert von den verwandten

sein kern war schon stabil doch nicht neuronen
so klinkte er sich ein bei einer sekte
da ihm das bauchgepinsel förmlich schmeckte
entschied er sich bei dieser auch zu wohnen

dort fügte er sich ein wie quark auf brötchen
er übersah was diese schweine wirklich trieben
dem master seiner sessions gab er pfötchen

er hörte täglich immer gleiche phrasen
vom unglück des erinnerns doch beim ‚lieben'
wurd ihm das hirn endgültig weggeblasen

FRANZISKA RÖCHTER

bartering

der mensch ist ein falsch konstruiertes wesen
ist er problemfrei ändert er den status gerne
ist's in der eignen heimat schön lockt ihn die ferne
nicht dialektik praktiziert er / hypothesen

und anamnesen stellt er auf / spezialitäten
sind das erfinden unbekannter schwierigkeiten
gibt es mal kids die sich nie mit den eltern streiten
greift schon das fallbeispiel der späten pubertäten

wenn einer alles hat / die liebe und die güter
fehlt ihm erst recht etwas vielleicht ein kleines
manko
was er sich zulegt und erhitzt so die gemüter

all jener die im grunde nix ha'm außer sorgen
weil schon zum monatsanfang ihre konten blanko
warum könn' die sich gegenseitig nicht
was borgen?

THOMAS NEUHALFEN

**Schlaraffenlandrettung – Sonett aus Schüttelrei-
men und neoliberaler Propaganda**
(Soziale Frage – Lebensreform-Bewegung – Platter Popu-
lismus)

Reformstau im Schlaraffenland!
Zerrt der Gesellschaft laffen Rand
von der sozialen Hängematte!
Schluss mit Wohlstand, den die Menge hatte!

Weg mit Renten und mit Krankenbetten!
Lasst uns lieber Banken retten.
Dort wo Trunk und Lieder wohnen,
muss sich Leistung wieder lohnen!

Und was die faulen Säcke aßen,
die müßig in der Ecke saßen!
Dass kein Schlaraffe mehr aus der Rolle tanz'!

Für Faule und Verfressene Null Toleranz!
Schade doch – könnte man das Paradies genießen,
kommen Sanierer und man kann's in die
Tonne gießen!

FRANZISKA RÖCHTER

vom glück des nehmens

ist die liebe dahin: der paragraphenwald
informiert dich präzise über unterhalt
wer wen abstechen will ist nicht wirklich wichtig
unterm strich zählt nur: wer ist unterhaltspflichtig

und ist der nicht willig wegen mordandrohung
droht ihm knast wegen seiner moralverrohung
wär's andersherum licht am horizont säh ich
doch hier zählt nicht kannst du sondern bist du
fähig

was ,berechtigter' nehmer mit dem abgesparten
des leistenden anstellt ob er eintrittskarten
für rock am ring kauft oder hanfpflanzen züchtet

ob der geber gegrüßt werden muss darüber richtet
das täterschutzgesetz zum wohle der smarten
niedertracht während der ,pflichtigen'
haarwald lichtet

MIRKO SWATOCH

SO NETTE Menschen jeden Tag

SO NETTE Menschen treff ich jeden Tag,
die jeden andern völlig ignorieren,
auf ihren Pöstchen sitzen und regieren,
SO NETTE, doch sie werden auch zur Plag.

SO NETTE prüfen mich, was ich ertrag,
die Herzenskälte lässt mich glatt erfrieren,
erwarten noch, dass wir sie akzeptieren,
und bleiben schließlich, wie sie keiner mag.

SO NETTE lieben es, wenn wir sie ehren,
sie üben Macht aus, wenn sie was verwehren,
erwarten dafür auch noch unsern Dank.

SO NETTE sind ganz feine, zarte Wesen,
sie lindern ihren Schmerz mit kleinen Spesen,
ihr Herz ist tot, der Schädel völlig krank.

wie bald verweht

vivir o morir

FRANK STÜCKEMANN

Mardi gras

Fastnacht vorbei – Venedigs Maske fiel.
Wer glaubt noch, dass sich die Fassade häutet?
Wenn heute stockend eine Glocke läutet,
So klingt es hohl, makaber, nekrophil.

Gebäude wurden häufig ausgebeutet,
Ostroms sakrale Baukunst im Exil
Zu spätbarockem, aufreizendem Stil,
Dem Ursprung längst entfremdet, fehlgedeutet.

Die Flut der Schaulustigen steigt wie das
Abwasser der Lagune: Leichenblass
Erträgt der Marmor den Gestank im Winter.

Narzisstische Paläste voller Prunk
Versinken darin vor Bewunderung
Und schauen in den Spiegel, nicht dahinter.

FRANK STÜCKEMANN

Sommerobsession

Rot dröhnen Mähdrescher mit Riesenscheren
Im Sternzeichen des Krebses durch das Feld,
Ohne sich um die Hundstage zu scheren,
Womit die Hitze ihren Einzug hält.

Die Haspel dreht sich, schaufelt Halm und Ähren
Ins Schnittwerk, und so werden sie gefällt,
Gedroschen und geworfelt, bis aus leeren
Spelzen und Spreu die Frucht herausgeschält.

Das Stroh macht sich unter der Hächselhaube
Nach einem Trommelwirbel zum Transport
Über den Hordenschüttler aus dem Staube.

Die Schnecke in dem Abtankrohr rumort.
Im Strahl des Korns setzt sich die Form
der Schraube
Des Archimedes für das Auge fort.

119

FRANK STÜCKEMANN

Nature morte

Früh neigen sich die Tage im August.
Die Bahn der Sonne – kommt sie auf die schiefe –
Verliert an Höhe und gewinnt an Tiefe,
Doch der Gewinn an Tiefe ist Verlust.

Zur Ernte reift die Schöpfung voller Lust,
Als ob im milden Licht die intensive
Färbung zu einem Stilleben entschliefe,
Vollendet, sich der Endlichkeit bewusst.

Und einen ausgelaugten Anblick bieten
Die Fluren, weithin leer und abgemäht,
Worauf die letzten Sommertage brüten.

Nur Klatschmohn, der zwischen den Stoppeln steht,
Beschert dem Feld noch unzeitige Blüten:
Wie flüchtig sind sie und wie bald verweht!

GÜNTER LANGENBERG

Vier Jahreszeiten

Der Winter zieht sich grau in grau zurück
und Frühlingsboten kommen übers Land.
Es knospt und grünt. Es zwitschert sehr charmant.
Sanft prickelnde Gefühle schenken Glück.

Natur und Geist erblüh'n ein weites Stück.
Die Früchte reifen in des Sommers Hand,
der alles Leben wärmt. Doch von Bestand
sind schöne Früchte nicht, weil ich sie pflück.

Die bunten Blätter reißt der Herbstwind von
den Bäumen. Fegend sammle ich das Laub
kurz vor dem ersten Frost in große Säcke.

Im alten Jahr noch bringt das Tief Yvonne
ein schlimmes Schneetheater. Na, ich glaub,
im Winter bleib ich unter meiner Decke.

GÜNTER LANGENBERG

Von Jahr zu Jahr
(Sonett zum Jahreswechsel)

Schon bald gehört es der Vergangenheit,
das Jahr, das uns an manchen Tagen lang
erschien. Doch Tage voller Schaffensdrang
und Lust beanspruchten die meiste Zeit.

Obwohl auch dieses Jahr uns Freud und Leid
bereitete wie stetes Yin und Yang
in unsrer Welt, gab heller Glockenklang
– nicht Donnerschlag – ihm die Besonderheit.

So tragen wir's Silvester leicht zu Grabe
und feiern sinnenfroh das neue Jahr,
das uns dafür mit einer Morgengabe

beschenkt, die häufig schon ein Kater war.
Der Neujahrsbote ist kein Unglücksrabe,
vielmehr ein Glücksspecht für den Januar.

HELGA SCHULZE-KÄMPER

Wir sind eins

Ich sehe wachsam meinem Körper zu
er fühlt sich wohl nicht mehr in mir zu Haus
nimmt sich seither gern einiges heraus
und mich trotz Widerstand dann mit – partout

Ich seh nun zu, ihn in den Griff zu kriegen
ihm möglichst immer einen Schritt voraus
mit Pillen, Yoga, Sport tagein tagaus
um – unbeirrt – ihn rundum zu besiegen

Mein Körper aber – aus dem Bauch heraus –
macht unbeeindruckt weiterhin sein Ding
mir schwant, so werden wir Zwei wohl nicht eins

Für jeden guten Tag gibt's jetzt Applaus
Wir tanzen auch mal Tango oder Swing
Wehwehchen hab ich vorerst eher... keins!

TANJA SAWALL

Na Mahlzeit!

Ich aß zu viel, das musst sich rächen
Nach all dem ganzen Speisefett
Logierte ich im Lazarett
Der Sodbrand quoll bis zum Erbrechen

Wangenrot schattiertes Violett
Pauste potpourrierte Flächen
Folglich gab ich ein Versprechen
Meinen Innereien, dem Skelett

Der Speck, die Schwarte, Öl: vorbei!
Ich entsage jeder Fritte
der Stress-Nitrate-Völlerei

Und die gut gelaunte Mitte
Wisse – nach heutiger Prämisse –
Falls ich was vermisse: druff gschisse!

GISELA SCHÄFER

Ferienpläne

Die Anne und der Fritz woll'n Urlaub machen.
Doch beide träumen sehr verschied'nen Traum.
Er wünscht sich – das ist keineswegs zum Lachen –
Gebirge, Felsen, Klettern, Wald und Baum.

Sein Weib indes ist auf das Meer versessen.
Sie sieht sich wohlig in dem Strandkorb liegen,
möcht' schwimmen, sonnenbaden, lecker essen,
derweil die Möwen sich auf Wellen wiegen.

Was tun, wenn man nicht einig werden kann?
Am besten lässt man dann den Urlaub sein,
sieht täglich fern und schaut sich Filme an,
er vom Gebirge, sie vom Meer. Wie fein!

Macht man das so, hat man viel Geld gespart
und jeder doch den eig'nen Traum bewahrt!

KARIN ZIMMERMANN

So nett

Sie ist so nett, man kann es fast nicht glauben.
So ein Charakter sucht schon Seinesgleichen.
Mit ihrer Güte kann sie viel erreichen,
doch, mit Verlaub: sich manches auch erlauben.

Ist es vermessen, wenn ich manchmal denke,
dass Eigennutz bei ihr im Spiele wäre?
Ich spüre sie genau, die Atmosphäre,
trotz ihrer Freundlichkeit und der Geschenke.

Ich weiß, sie ist die Gönnerin von Vielen,
ins Rampenlicht kann sie sich dadurch spielen
und tritt gemessen auf und auch bescheiden.

Doch immerfort muss man ihr Lob kredenzen,
sonst kennt ihr Ärger beinah keine Grenzen.
Womöglich kann sie deshalb niemand leiden.

KARIN ZIMMERMANN

Bilanz

Er hatte sich einst so viel vorgenommen,
voll Tatendrang: Er hegte große Pläne.
Nie dachte er, es könnte anders kommen,
den Widrigkeiten zeigte er die Zähne.

Er hatte viele kleine Tricks in petto.
Die Konkurrenten, welche mit ihm stritten,
sie kannten ihn als Harten, cash und netto.
Im Nehmen ließ er sich nie lange bitten.

Als einer seiner schwächsten Widersacher
mit einmal dastand als der große Macher,
war er verblüfft, das ist wohl selbsterklärend.

Denn als der Wohlstand sich von ihm entfernte,
er notgedrungen etwas Neues lernte:
Des Menschen Glück, es ist nicht immerwährend.

NORBERT J. WIEGELMANN

Dichter und Schnecke

Die Weinbergschnecke zieht eine Spur aus Schleim
durch des großen Dichters gepflegten Garten.
Der sitzt dort, um auf Ideen zu warten –
da kriecht ihm die Schnecke direkt auf den Leim.

Entzückt deklamiert er: „Du holde Schnecke!
Sei willkommen!" Ehe die sich recht versieht,
besingt sie der Dichter in jubelndem Lied.
Dann bringt er sie heimtückisch um die Ecke.

Was lässt sich lernen aus solchem Geschehen?
Auch Dichter haben ihre dunklen Seiten –
man kann ihnen nur vor die Stirne sehen.

Und zum Ende der Schnecke lässt sich sagen:
Eine Schleimspur nützt nicht zu allen Zeiten.
Man mag das begrüßen oder beklagen.

NORBERT J. WIEGELMANN

Fünf Amseln

Fünf Amseln, die hoch im Kirschbaum saßen
und mit Genuss reife Kirschen fraßen,
gerieten sich plötzlich ins Federkleid
und es entbrannte ein heftiger Streit.

„**Alter Galgenvogel**", rief die eine.
„**Schräger Vogel**, ich mach dir gleich Beine."
Die Dritte zur Vierten: „**Komischer Kauz.**"
Die: „**Paradiesvogel**, halt dich da raus."

Die Fünfte will die Streitenden trennen:
„Euer Gezänk schlägt mir auf den Magen –
könnt ihr euch denn nicht wieder vertragen?

Wie wär`s, wenn wir uns **Spaßvögel** nennen?
Und für die Zukunft nehmen wir uns vor:
Wir sehen alles mit etwas Humor."

NORBERT J. WIEGELMANN

Trüber Regentag

Ein trüber Regentag – ganz ohne Frage –
bewirkt keine heitere Stimmungslage.
Die Tageszeitung ist vom Regen durchweicht,
so dass äußere Form nun dem Inhalt gleicht.

Das Toastbrot zum Frühstück schmeckt stark
angebrannt,
überdies stören die Fliegen an der Wand.
Die Gattin nervt mit betont guter Laune –
ach bräch sie doch nur einen Streit vom Zaune.

Auch die Arbeit am Schreibtisch heitert nicht auf.
Chef und Kollegen nimmt man brummig in Kauf.
Warum will partout die Sonne nicht scheinen?

So schleppt sich der Regentag mühsam dahin,
bis ich schließlich richtig melancholisch bin.
Und beim Abendbrot muss ich plötzlich weinen.

ANDREA E. GECCHELIN

Per-pech-uum mobile

Ich nehme Anlauf und – bleib wieder einmal
hängen!
Gleich nochmal frisch gewagt! So schwer kann's
doch nicht sein!
Die Augen zu und durch! – Au weiah: mitten rein!
Und wieder sitz ich drin: im Mist in rauhen
Mengen.

Vielleicht ist's einfach grundverkehrt, sich
anzustrengen?
Vielleicht geht's, wenn ich nicht drauf acht', von
ganz allein?
Probier'n wir's also cool, ganz locker! Hilft das? –
Nein!
Nun gut, das Schicksal soll man besser wohl nicht
drängen...

Wie heißt es doch: Geduld bringt Rosen. Nicht
verzagen!
Nur: eigentlich geduld ich mich schon lang genug!
Im Ernst: wer außer mir hätt all das Pech ertragen,

so lang und stoisch, wie nun ich es schon ertrug?!
Ich mag nicht mehr, verflixt! Es ist mir längst zu
bunt!
Ich will da endlich raus! – Ich nehme Anlauf und...

131

ANDREA E. GECCHELIN

Bild des Jammers

Manchmal blickst du mich an, dass ich erschauer.
Ich kenne dich; mich kannst du nicht betrügen.
Seit Jahren les ich schon in deinen Zügen
und seh darin die schlecht verhohl'ne Trauer.

Angst liegt in deinen Augen auf der Lauer.
Das Leben, sagen sie, ist kein Vergnügen,
und jedesmal sich seinem Zwang zu fügen,
ergeben lächelnd, das zermürbt auf Dauer.

Von diesem Lächeln wirkt dein Mund verkniffen.
Und Sorgen haben Falten eingeschliffen
in deine Stirn, den Lebens-Nahkampfschild.

Noch wagst du trotzig manchen Kampf, wie sauer
es dich auch ankommt. Dennoch: ich erschauer
manchmal bei deinem Anblick, Spiegelbild.

PETER BORNHÖFT

Die Trauer zum Glück

Die Trauer dreht sich und verdreht
steht alles Kopf ein Glück schon aber nicht das
Leben
ein Phantomschmerz in den Spinnenweben
der Erinnerung die nicht vergeht

Was nicht geblieben ist steht wieder neben
mir die Zeit die ausgelöschte Zeit
brennt mir im Fleisch und in der Dunkelheit
erscheinst du mir ach wär ich doch im Grab nur
eben

wär es dann zu Ende jede Möglichkeit
aus dem Gedächtnis weggeätzt vermisst
vielleicht von deiner Haut für immer und das ist

der Unterschied die kalte Heimlichkeit
dass ich noch auf der Welt bin und du bist
auch noch nicht tot wie alles was man schnell
vergisst

MATTHIAS ZSCHARNACK

Die Zweiten

Das Erste steht ganz vorn und glänzt im Licht,
das Zweite folgt ihm dicht in seinem Schatten.
Das Erste hört man und aus äuß'rer Sicht,
geräuschlos geht das Zweite fast von statten.

Der Lautere ist Erster, so ist's immer.
Selbst wenn er Bess'res nicht zu sagen hat.
Er wird der Chef und gilt als der Gewinner.
Der Leise bleibt ein unbeschrieb'nes Blatt.

Doch Zweite machen Erste erst zu Ersten.
Und Erste haben's sicher auch am Schwersten,
denn stets wird ihn' von Zweiten nachgestellt.

Mir tun sie Leid, die Ersten dieser Welt,
denn ohne uns sind sie auch nicht komplett.
Als zweites „t" steh ich gern im Sonett.

MARTIN EBNER

Too young to die...

Die Band rockt hard und heavy auf der Bühne,
die Songs sind altbekannt und sehr beliebt.
„Ja, dass es sowas heute auch noch gibt!"
haucht am Rollator mancher graue Hüne.

Dann ist er wieder jung wie eh und je
mit Lederhose und mit langem Haar,
ein harter Rocker, wie er damals war,
vom Scheitel bis hinab zum kleinen Zeh.

„Du bist gut drauf; flipp aus und lass Dich gehen!"
raunt ihm sein Alter Ego jetzt ins Ohr.
Da dröhnt der Bass und reißt ihn mit zum Tanz...

Beim Trommelsolo ist's um ihn geschehen.
„Stairway to heaven", „Knocking on heaven's door".
Am Ende steht „Too old to rock'n roll"
auf seinem Kranz.

ANDREA VAN BEBBER

Om

Ich konsumier' nicht, nein, ich leb' bewusst
und tu mir Gutes, kauf im Öko-Laden,
den Aldi-Fraß erspar ich meinem Magen.
Genuss ist nun mal nicht allein nur Lust!

Natürlich kleiden: Seide gegen Frust!
Dass Polyester-Shirts der Aura schaden,
das kann dir heut schon jedes Pendel sagen.
Verzicht auf Mode ist doch kein Verlust!

Ich hab's geschafft, ich hab' mich frei gemacht,
schlaf nach Feng Shui, hab' alles gut durchdacht:
ein Reiki-Kurs, Tarot und Kaballa,

das Aura-Soma-Fußbad – wunderbar! –
ich channel einen Engel, der gibt Acht
auf mich, erleuchtet mich, selbst in der Nacht!

LUDUING RODRIGUEZ

La Espera

Es a mí a quien está esperando,
Es a mí, no tengo ninguna duda;
Es a mí, aunque la verdad sea cruda
Y no temo, a pesar que estoy temblando.

Al avanzar, surgen algunos temores,
Algunas preguntas sobre mi destino,
Si realmente debo seguir mi camino,
O embriagarme entre versos y amores.

El tiempo corre y ya debo seguir,
No tiene sentido prolongar la espera.
Cosas naturales: vivir o morir.

Me ha tocado a mí, pudo ser cualquiera.
Me sigue esperando y allá voy a ir
Hacia ese lujoso ataúd de madera.

FRANZISKA RÖCHTER

cheese

ihr denkt ihr habt den vogel nun geschossen
doch seid gewiss ich schieße gerne wieder
jetzt schaut mal freundlich seid doch nicht so
bieder
die münder biegen sich wie faule sprossen

selbst wenn die letzte liebe grad verflossen
so reißt zur sonne eure müden lider
hebt eure brust und schüttelt das gefieder
die welt geht weiter schaut ihr auch verdrossen

aus diesem grund könnt ihr das grummeln lassen
und gut gelaunt für meine fotos blicken
gern dürft ihr mit den händen euch umfassen

es ist egal wie disponiert wir ticken
wir werden diese erde doch verlassen
dann können wirs auch gutgelaunt beschicken

Straße ins Verderben

man staunt

MARTIN EBNER

Ene, mene, miste...

Ich fand mich wieder auf der Straße ins Verderben,
gemeinsam mit so vielen Willenlosen.
Und dann: Ein Scheppern und ein böses Tosen,
als läge irgendwo die Welt bereits in Scherben.

Im Näherkommen wird der Kontext klarer,
ein Artverwandter steht da, einer liegt.
– Wie doch Metall sich umformt und verbiegt! –
Am Straßenrand ganz regungslos der Fahrer.

Man bremst, man staunt, man defiliert
und Köpfe schüttelnd äußert man
sich irgendwie bedrückt.

Und nicht so richtig konzentriert
bin dabei – wie bedauerlich
ich selber unverglückt.

MARTIN EBNER

Teacher's Nightmare

Am frühsten Morgen wie im warmen Bett,
ich dämmerte von einem Traum zum andern,
verschlungen wie in griechischen Mäandern
das Traumregister durch von A bis Z:

Ich saß in einem Raum mit weißen Wänden
und hörte Stimmen rund um mich herum.
Ich wollte rufen, doch mein Mund blieb stumm.
Vor mir ein Wald aus hochgereckten Händen.

Das warme Bett verschwimmt und löst sich auf,
Mäanderbogen werden wie ein Strich,
doch wo ich jetzt bin, weiß ich nicht.

Die Selbsterkenntnis nimmt nun ihren Lauf,
ich werde wach, man redet über mich:
„Schau mal, der Lehrer pennt im Unterricht!"

DIDI COSTAIRE

Sonderangebot

Im Laden lag ein seltsames Gemisch
verschiedener Aromen. Recht subtil
vermengte sich der Bratenduft mit Fisch-
gerüchen oder so. Und auch skurril:

Ganz neue Wurst bevölkerte den Tisch,
sehr grob und fett – und günstig, was gefiel.
Die Metzgerin versprach, sie wäre frisch.
Wer zuschlug, machte einen guten Deal.

Der Preis schien wirklich wenig kaufmännisch,
die Fleischerin versprühte Sex-Appeal.
Sie wurde alles los und spielerisch
verschwand ihr blutverschmiertes Utensil.

Nur manche Kunden fragten nach dem Schlachter.
Dann lachte sie: „Ich soll schön grüßen, sagt er!"

DIDI COSTAIRE

Schwall und Rauch

„Das neue Jahr wird anders als das alte",
vernahm man zur Silvesternacht vermehrt,
nachdem zuhauf der Korken kräftig knallte
und mancher Redner überflüssig schwallte.

Auch wenn der eine oder andre lallte,
ist Optimismus selten grundverkehrt,
nur ändert sich halt nichts von selbst. Bloß Malte
hat mit dem Rauchen aufgehört.

Das fand ich schon enorm beneidenswert,
doch hatte ich auf Anhieb Vorbehalte.
Ich wurde keines Besseren belehrt.

Der Weg zu ihm war ordentlich geteert,
als ich ihn bald danach besuchte. Malte
ist unverkennbar wieder ganz der Alte.

DIDI COSTAIRE

Der Tag, an dem Basseck starb

Es schien wie eine Ode an den Sommer:
Friedlich wirkte es, als das gescheckte
alte Rehlein sacht das Kleine leckte.
Sogar der eilig eisgekühlte Bommer-

lunder war so klar, dass Hein es schmeckte.
Man zog den Hut und Wünsche wurden frommer.
Die Sonne strahlte ohne Punkt und Komma,
während man den Mann im Mantel neckte.

Wer weiß, wie viele schwarze Krähen kreisten?
Bei dem tonnenschweren Regenguss
sah niemand mehr, wie Straßen rasch verwaisten –

doch im Graben lag verschrammt ein Bus
und ein paar Züge im Gesicht entgleisten.
Tief im Keller fiel der Todesschuss.

MARCUS NEUERT

[Variation über ein Kriminalsonett von Ludwig Rubiner]

einsam
zweifelnd
zweifelnd
einsam

zweifelnd
einsam
einsam
zweifelnd

dreist
geviertelt
dreist

geviertelt
dreist
gevierteilt

THOMAS NEUHALFEN

Der totale Sinnverzicht – Sonett aus Unsinn und Ratlosigkeit
(Genitalverstümmelung – Verschwinden des traditionellen Bäckerhandwerks – Verlust der Ernsthaftigkeit in der Moderne)

Drei altägyptische Eunuchen
buken einen Pustekuchen.
Und es wurmte die Kastraten
dass sie keine Eier hatten.

Sodann kam ganz von Ungefähr
ein Müller ohne Mehl daher.
Und eine euterlose Kuh
gab gerne keine Milch dazu.

An soviel Elend und Versagen auf einem Haufen
kann ein Consultant nicht vorüber laufen,
Zwar fiel ihm auch nichts ein, dem ratlosen Berater,

doch pünktlich die Rechnung gestellt, das hat er.
Und so schaukeln bis heute die Hodenlosen
traurig das Nichts in ihren Lodenhosen.

THOMAS NEUHALFEN

Sonett aus dem Ehealltag
(häusliche Gewalt – Vergänglichkeit von Modetrends –
Ende des terrestrisch analogen
Rundfunkempfangs)

Es geriet beim Mahle zur Mittagszeit
ein Ehepaar in einen heftigen Streit,
an dessen Ende der Gemahl über sich selber
erschrak,
als eine Gabel im Haupte der Gattin stak.

Sie belieβ es dabei und drapierte nur
ihr Haar ringsherum zur Turmfrisur.
Als stillen Vorwurf und Stütze fürs Haar.
Obschon das längst nicht mehr in Mode war.

Denn mit der Gabel als Antenne hatte sie
jetzt Empfang auf 90 Mhz UKW.
Doch ein Staatsvertrag trat eines Tages in Kraft

und hat den analogen Rundfunk abgeschafft.
Die Mode verlangt, dass man sich heutzutage
das Gute, Altbewährte aus dem Kopfe schlage.

THOMAS NEUHALFEN

Sonett für Menschenfreunde
(Moderne Küche – Verfall der Sitten – Probleme der
Dienstleistungsgesellschaft)

Im Restaurant für Kannibalen
kommt's vor, dass Gäste statt zu zahlen
und höflich noch den Koch zu preisen,
den Ober zum Dessert verspeisen.

Ja, übt man so etwa Kritik?
Macht zuviel Essen denn nicht dick?
Was hat der Kellner falsch gemacht?
Hat er den falschen Wein gebracht?

Was gibt man der Versicherung an?
Der liebte seinen Job, der Mann
und hat dabei den Tod gefunden

in Aufopferung für seine Kunden.
Und, Gott sei Dank, an jenem Abend war
kein Restaurantkritiker da!

THOMAS NEUHALFEN

Pirsch und Nas – Koffersonett aus Wald und Fauna
(Wildfraß – Illusionen – Unverständlichkeit)

Ein Pirsch, der strand im triefen Kald
und sah dem Nas beim Krachsen zu.
Wie er so drachte, strach er bald:
„Ich schwär am Gliebsten so wie du!

Ich strönde frün im Kunterbolz,
kein Schräger würde nacht mir schließen;
trüg' meine Qualme voller Schwolz,
würd' meine Trage floh begießen."

Das Nas schwieg schrill, den grantzen Trag,
erbiederte die Rede nicht.
Der Pirsch wurd' bös weil er's nicht mag,

dass irgendquer mit ihm nicht schlicht.
Er stahr das flüchte, sprüne Nas,
das er sokann mit Geifer fraß.

FRANZISKA RÖCHTER

graffiti

hinter luzenttransparentleichten lidern
die jalousiegleich die augäpfel wanden
und angequollene netzhäute miedern
wolln unaufhörlich die aliens landen

wolln unaufhörlich die tischkerzen zünden
ist's halloween oder ist es silvester
wollen die blitze ein angriffsziel finden
toben zehn weltmusikantenorchester

sprühn batteriestromgeladne raketen
kristalllichtgewitterte funken durch äther

willst du mein eigenes weltall betreten
komm schrill verkleidet als sonnenanbeter

AUTORINNEN UND AUTOREN

Bornhöft, Peter, *1936 in Rostock/Mecklbg., Lehrer am Gymnasium in Essen und Bielefeld bis 2000, Mitglied im Verband deutscher Schriftsteller (VS), Mitherausgeber des Bielefelder Literaturmagazins Tentakel, Juror beim Bielefelder Wettbewerb Jugend schreibt. Neueste Publikationen u.a. Briefe aus Adrasan, Gedichte, DeBehr Verlag 2010; Erregung und Erstarrung. Das Phänomen der Gefühle, Essay, blaetterhaus 2013.

Costaire, Didi, schreibt seit 2006 Geschichten und Gedichte, am liebsten in gereimter Form und mit Wortspielen gewürzt. Der Roman „Der Lümmel mit der Tüte" ist 2009 im Sieben-Verlag erschienen, weit über vierzig Kurztexte wurden bislang in Anthologien und literarischen Heften veröffentlicht. Beim Jokers Lyrik-Wettbewerb 2011 war er unter den erweiterten Preisträgern.

Dreppec, Alex, *1968, promovierter Psychologe. Zahlreiche literarische Veröffentlichungen im deutschen und englischen Sprachraum, u.a. in mehreren Standardwerken – so fand er 2008 als einer von bisher nur zwei Poetry Slammern Aufnahme in die wichtigste deutschsprachige Gedichtanthologie „Der Große Conrady". Gewinner des Wilhelm Busch-Preises (1. Platz) 2004. Erfand 2006 den Science Slam in Darmstadt, der sich seitdem international ausbreitet. www.dreppec.de

Ebner, Martin, *1962, Studium Latein, Geographie und etwas Geschichte, seit 20 Jahren Lehrer in Aachen; immer wieder begeistert von Dichtung, egal welcher Epoche; bezeichnet seine Lyrik als eher angenehmen Zeitvertreib mit Wortspielerei und Grübelei; sie will aber auch manchmal heraus und kam so schon

zum Jokers Lyrikwettbewerb 2013 (Sonderpreis), aber noch nie auf jene Seiten, die die Welt bedeuten.

Gecchelin, Andrea E., *1963, Studium der Altphilologie und Neueren Deutschen Literatur, schreibt eigene Gedichte seit ca. 25 Jahren, 2006 – 2012 im Internet-Literaturforum KeinVerlag aktiv unter dem Pseudonym „Sappho"; aus diesen Jahren entstanden vier Gedichtbände, die aber bisher nicht veröffentlicht sind.

Götzke, Bowls (Pseudonym), *1983, studierte eine Zeit lang Rechtswissenschaften in Osnabrück und Münster, arbeitet nun freiberuflich als Jazzmusiker sowie als Musikprojektleiter mit Grundschülern und Sekundarstuflern. In seiner Freizeit schreibt er Lyrik und Prosa und dreht Filme. Jüngste Veröffentlichungen (Auswahl): ‚Abseits der Erwartungshaltung' (erschienen bei ‚Okapi-Grafik' in der Anthologie ‚Abseits', 2012); Cobold GmbH & Co Kg (erschienen im ‚Sperling-Verlag' in der Anthologie ‚Die Wächter', 2013). www.mitsicherheitjazz.de

Heinisch, Michael, *1960 in Marburg. Er lebt mit seiner Frau und seinen drei Kindern in der Nähe von Bad Tölz und arbeitet dort als niedergelassener Facharzt für Psychotherapeutische Medizin. Bisher ist von ihm ein kleiner Lyrikband unter dem Namen „Ein Hauch von Rost. Verssuchungen" erschienen.

Hoppe, Niklas, *1988 in Berlin. In Stuttgart aufgewachsen, entwickelte er einen Hang zur Hiphop-Musik und Lyrik. Neben seinem Ingenieurstudium arbeitete er an Literaturprojekten mit und wurde bereits bei der Jokers-Lyrik-Preis-Vergabe berücksichtigt.

Hornauer, Jan-Eike, *1979, leidenschaftlicher Textzüchter (freier Autor, Herausgeber, Lektor und Texter), wohnt in München. Studium der Germanistik und Soziologie in Würzburg. Herausgeber und Mitautor von Prosa-Sammlungen, zuletzt »Grotesk! Eine Genre-Anthologie« (Candela 2011), sowie von Lyrik-Anthologien, hier zuletzt »Der schmunzelnde Poet. Komische Gedichte« (Candela 2013). Zweiter Vorsitzender des Münchner Künstlervereins Realtraum. Unbestreitbar einer der größten Literaten Deutschlands (exakt zwei Meter Körperlänge). www.textzuechterei.de

Jack, Dörte, *1962 in Heide, Schleswig-Holstein. Später Lehramtsstudium der Fächer Deutsch und Sport in Kiel und Bielefeld. Seit 1988 als Sporttherapeutin, Weiterbildungslehrerin und -organisatorin, Ziegenbäuerin, Marktfrau, Tangotänzerin, Reiseleiterin und seit 10 Jahren auch literarisch, am liebsten lyrisch, tätig. Jüngste Veröffentlichungen (Auswahl): Gedicht „Erotisch um den Hermann" in ‚L(i)eben unterm Hermann', AJZ – Druck & Verlag. 2010; Gedichte „Lass uns gans Sein" und „Gib er mir Obst" in ‚Pfeffrige Sünde', chiliverlag, 2012; Gedicht „Du reichst mir" in ‚Handbuch – vom Halten und Gehalten werden", Vormbrock Verlag, 2012.

Klöckner, Horst-Werner, *1952, Studium der Germanistik und Philosophie, arbeitete in verschiedenen sozialen Berufen, verdient heute sein Geld als Osteopath und Heilpraktiker, schreibt gern über menschliche Schattenseiten und die dahinterstehenden Gefühle. 2012 Veröffentlichung im Literaturhaus Zürich, Juni 2013 erste Veröffentlichungen in Anthologien und in der Federwelt sowie „Der Abgrund" in ‚Das Haus am Ende des Weges', Schweitzerhaus-Verlag.

Knehr, Hermann, Dr. med. Dr. rer. nat., *1944 in Breslau. Studierte Chemie und Medizin in Erlangen und Tübingen, arbeitete in Forschung und Klinik und als niedergelassener Frauenarzt in Nürnberg. Bisher erschienen sind zwei Gedichtbände im Engelsdorfer Verlag, ‚Stille Wege, helle Klänge' (2011) und ‚Das Singen der Dinge' (2012), sowie zahlreiche Beiträge in verschiedenen Anthologien.

Langenberg, Günter, *1952 in Hückeswagen im Bergischen Land; Beamter im deutschen Auswärtigen Dienst, zurzeit tätig an der

Deutschen Botschaft in Tokyo. Gedichtbände ‚Wie ging der Mops wohl hops? - Tierisches querbeet' (2003, R.G. Fischer Verlag) und ‚Gezwitscher - 367 Tweets-Mit-Reimen #TMR' (2011, ProBusiness Verlag) sowie Gedichtbeiträge in zahlreichen Anthologien.

Neuert, Marcus, *1963 in Frankfurt/Main, Schriftsteller und Musiker, lebt nach vierzig Jahren in Baden-Württemberg nun seit Ende 2010 in Minden/Westfalen. Beiträge in zahlreichen Literaturzeitschriften und Anthologien (u.a. Jahrbuch der Lyrik 2011/ DVA, Dulzinea, außer.dem, Tentakel, Versnetze/ Verlag Ralf Liebe, Verlag Landpresse, orte-Verlag/CH). Mehrere Einzelveröffentlichungen (drei Lyrikbande, zuletzt „nördliches Fenster" in der edition octopus, Münster, 2009; aktuell die Erzählung „Moornovelle" in der Edition Klotho, Bonn, 2012). Preisträger bei verschiedenen literarischen Wettbewerben. www.marcusneuert.jimdo.com.

Neuhalfen, Thomas, *1960 in Bonn;   Studium der Mathematik und Physik in Münster und Bonn;   bis 2012 vorwiegend selbständig tätig als Einzelhändler, Übersetzer und Dolmetscher, Mathematiker, Software-Entwickler. Seit 2013 freischaffender Musiker (Kontrabass, Gitarre, Posaune).

Ostersiek, Bernard, geboren in Komotau/CSR, aufgewachsen im Rheinland. Nach dem Abitur Volontariat in einem Kölner Zeitungshaus, danach Studium der Geschichte, Kunstgeschichte, Theaterwissenschaft und Anglistik in Köln, Schottland, Kanada und den USA. Zahlreiche Publikationen (Sachbuch, Belletristik, Comedy), zuletzt des Romans ‚In der Kälte des Schattens' zum Thema Kindesmisshandlung. Gewinner des Limerick-Award 2003.

Plate-Buchner, Karen, *1956 in Berlin, Studium der Fächer Deutsch und Französisch sowie Religion, 30 Jahre Schuldienst an Berliner Gymnasien, zur Zeit beurlaubt zur Pflege ihrer Mutter, diverse Gedichtveröffentlichungen.

Rackwitz, Thomas, *1981 in Halle/Saale, lebt in Blankenburg, arbeitet als Lektor und Übersetzer, schreibt und übersetzt Gedichte, ist Mitglied des Friedrich-Bödecker-Kreises, der IGdA und im Förderkreis der Schriftsteller in Sachsen-Anhalt e.V., veröffentlichte 4 Bücher und in Anthologien bzw. Zeitschriften, erhielt u. a. den irischen Féile Filíochta Award 2007, das Walter-Bauer-Stipendium der Städte Merseburg und Leuna 2008 sowie den 3. Preis beim lauter niemand preis für politische lyrik 2011. www.thomasrackwitz.de

Röchter, Franziska (Franzi) wurde als Österreicherin im Weserbergland geboren und lebt jetzt schon viele Jahre bei den Ostwestfalen. Sie schreibt Lyrik und (Kurz)prosa, ist tätig im Bereich des Kulturjournalismus, macht Lesungen, slammt herum und betreibt den chiliverlag. Unzählige Veröffentlichungen in bekannten Literaturorganen, mehrere Einzelbände, eine Poesie-CD, Preisträgerin Hochstadter Stier 2011. Verlegerin aus Überzeugung. www.franzis-litfass.biz

Rodríguez, Luduing, * in Santiago de los Caballeros, Dominikanische Republik. Hat Informatik-Ingenieur studiert und erfolgreich mit Diplom abgeschlossen. In seiner Freizeit kümmert er sich um soziale Themen wie Freiheit und Ungerechtigkeit, dazu betreibt er einen Blog im Internet. Seine erste Veröffentlichung war 2013 im chiliverlag zusammen mit dem Fotografen Yves Drube der Titel ,Poesía del paraíso infernal'. http://luduing.blogspot.com

Swatoch, Mirko, *1963, lebt mit seiner Frau auf der Schwäbischen Alb in Baden-Württemberg und schreibt Lieder, Gedichte und Kurzgeschichten. Veröffentlichungen in Anthologien und Literaturzeitschriften. www.mirko-swatoch.de.vu

Sawall, Tanja, *1975 in Salzgitter, ist gelernte Arzthelferin und Endermologie-Therapeutin, heute tätig in einer Sprachschule. Sie schreibt mit Begeisterung; gelegentlich Prosa, aber überwiegend Lyrik – hauptsächlich den unvergänglichen Themen Liebe,

Leid und Leidenschaft gewidmet. Abgerundet wird diese Passion durch zahlreiche Veröffentlichungen in regionalen Zeitungen sowie in verschiedenen Jahrgängen „Ausgewählte Werke" der Bibliothek deutschsprachiger Gedichte und in weiteren Anthologien wie „herz.rhythmus.störung", „Das Spinnennetz der Sappho", „Pfeffrige Sünde – Habanero Red", „Seelenfeuer" und „Halt! Dich! Fest! – Im Labyrinth der Blindfische".

Schäfer, Gisela, wurde in Hagen geboren, wohnt aber seit Ende des 2. Weltkrieges im Rheinland. Die dreifache Mutter und achtfache Großmutter ist pensionierte Lehrerin. Ihre Genres sind Lyrik, Kurzprosa, Glossen, Erzählungen, Märchen und Kindergeschichten. Sie hat mehrere Bücher veröffentlicht. Texte von ihr finden sich auch im Internet, in zahlreichen Anthologien, in Wochenschriften, in der Zeitung Rheinische Post und in österreichischen Literatureditionen.

Schulze-Kämper, Andrea, *1949 in Detmold. Bis 2009 Lehrerin für Gesellschaftslehre, Naturwissenschaften und Philosophie an der Bielefelder Martin-Niemöller-Gesamtschule. Schreibt und malt seither. Mit-Initiatorin vom Bielefelder 'FrauenKulturNetz' (FraKuNe/2011) und 'DenkFreiRaum' (2012)

Schumacher, Andreas, *1981 in Bietigheim-Bissingen (Baden-Württemberg), lebt in Walheim, schreibt Prosa und Lyrik. Gewann 2010 den ‚Hochstadter Stier Lyrikpreis'. Gedichtband ‚Herr der Möhren' (Poesie 21). Erzähldebüt „Die Zeckenbürstenkatzentreppe. Szenen und Erzählungen" erscheint Ende 2013 im Chaotic Revelry Verlag. www.andreasschumacherinfo.de

Sioulis, Nico, *1994, hat 2013 die Schule mit Abitur verlassen und wird ab Oktober Geschichte in Bielefeld studieren. Seit November 2011 steht er regelmäßig auf Poetry Slam Bühnen und verbreitet dort Selbstgeschriebenes. Er liest und schreibt gerne und viel und behauptet, er könne keine gute Kurzbiographie verfassen.

Siwik, Barbara, *1939; sozialpädagogisches Fachschulstudium in Berlin, Tätigkeit als Erzieherin; bibliothekarisches Fachhochschulstudium in Leipzig, Dipl. Bibliothekarin; langjährige Tätigkeit als Bibliotheksleiterin in Merseburg, Sachsen-Anhalt; schreibt Lyrik, Kurzprosa, Erzählungen, Märchen, Romane; Mitglied des deutschen Schriftstellerverbandes; zahlreiche Veröffentlichungen in Anthologien sowie „Das Erbe des Casparius", Fantasy-Roman, Fhl-Verlag, Leipzig, 2010. www.barbara.siwik.de.vu

Stöbesand, Siegfried, *1954, wohnhaft in Laatzen.

Stückemann, Frank, *1962 in Bielefeld, bis 1987 Studium der Ev. Theologie in Münster, ab 1991 Gemeindepfarrer. Übersetzungen (Corbière 1992, Cros 1993 und 1995, Laforgue 2002), Arbeiten zur Kirchen-, Literatur- und Kunstgeschichte (Germanisch-Romanische Monatsschrift, Archiv für das Studium der neueren Sprachen und Literaturen, Sinn und Form, Jahrbuch für Westfälische Kirchengeschichte, Pietismus und Neuzeit), 2009 Promotion über den westfälischen Aufklärer J. M. Schwager (1738-1804), Mitherausgeber von dessen Werken im Auftrag der Literaturkommission für Westfalen.

van Bebber, Andrea, *1957 in Marburg/Lahn. Sie studierte in Heidelberg Musiktherapie, nachdem sie sich zunächst über zwanzig Jahre lang als Mutter, Pflege- und Tagesmutter der Betreuung von Kindern gewidmet hatte. Heute arbeitet sie als freie Musiktherapeutin mit Kindern, Erwachsenen, in Altenpflegeheimen und im Hospiz. Mit ihrer Band hat sie regelmäßige Auftritte. Vor über zehn Jahren begann sie, ihre eigenen Lieder zu schreiben. Es folgten Gedichte und schließlich ein erster Roman. „Töne durch die Wand" erschien 2012 bei kalliope paperbacks, Heidelberg. Er wurde beim Bücherbuffet für Erwachsene in Karlsruhe mit dem 2. Preis ausgezeichnet. www.andrea-van-bebber.de

Wiegelmann, Norbert J., *1956 in Bochum, wohnhaft in

Arnsberg, Verwaltungsjurist. Mitgliedschaft in einer Literatur-gruppe und Lesungen. Literarische Veröffentlichungen (Lyrik, Kurzprosa) in ca. drei Dutzend Anthologien verschiedener Verlage, Reiseberichte in der namibischen „Allgemeinen Zeitung" sowie Glossen und Buchrezensionen in juristischen Fachzeitschriften. Die weitere Passion der Tier- und Landschaftsfotografie findet in einigen Büchern ebenfalls ihren Niederschlag. 1986 Live-Gespräch in der WDR3-Kultursendung „Das Mosaik" zum Thema: „Hauptsache, veröffentlicht. Merkwürdige Praktiken des Literaturbetriebs." Eine Auswahl seiner Veröffentlichungen finden sich auf seiner Amazon-Autorenseite.

Zimmermann, Karin, *1964 in Siegen,   Abitur 1983 in Siegen, Sozialpädagogin,   verheiratet, 4 Kinder. Schreibt seit ihrer Jugend Gedichte, seit etwa 10 Jahren auch Kabarett-Texte. Tritt lokal als Kabarettistin und mit Lesungen auf. Wohnt in Brachbach, einem Ort im Siegtal zwischen Siegerland und Westerwald.

Zscharnack, Matthias, *1973 in Dresden, wohnhaft in Leipzig; gelernter Werkzeugmacher, dann Biologie studiert, promoviert und nun wissenschaftlicher Mitarbeiter an der Universität Leipzig. Schreibt seit der Kindheit Gedichte und Kurzgeschichten. Nach 10-jähriger Pause begann er Anfang 2013 erneut, Gedichte zu schreiben, und im Mai 2013 wurde sein Gedicht „Düfte" unter 360 Teilnehmern aus 9 Ländern mit 760 Beiträgen beim 1. Meerbuscher Literaturpreis nach einer Jury-Vorauswahl durch die Zuhörer mit dem 3. Platz ausgezeichnet. Dies ist gleichzeitig seine erste literarische Veröffentlichung. Zuvor hatte er nur wissenschaftliche Publikationen verfasst.

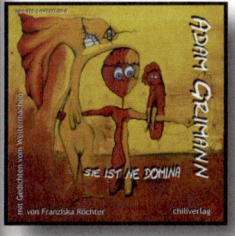

Ein Wendebuch mit
zwei Anfängen

Grimann, Adam / Röchter, Franziska
bis ans ende der zeiten. amen / sie ist ne domina
38 Farbbilder von Adam Grimann mit Texten vom Abschied-
nehmen und Weitermachen von Franziska Röchter
978-3-943292-06-0, chiliverlag 2013, EUR 13,90

Verlags-Repräsentant Philipp Röchter

Drube, Yves / Rodríguez, Luduing
poesía del paraíso infernal
poemas y fotografía de la república dominicana
978-3-943292-05-3, chiliverlag 2013, EUR 11,90

Dieser wunderschöne Fotoband auf hochwertigem Papier doku-
mentiert eine andere **Dominikanische Republik**, als wir sie aus
Touristenkatalogen kennen. **Yves Drube** inszeniert und zelebriert
Menschen des täglichen Lebens in aussagekräftigen Szenerien
und erhebt sie allesamt zum Mittelpunkt seiner Fotokunst. Diese
zeigt trotz gesellschaftlicher Schattenseiten die innere und äu-
ßere Schönheit der dominkanischen Menschen und der Natur.
Luduing Rodríguez dichtet gegen Ungerechtigkeit, Un-
gleichbehandlung und Missachtung der Menschenwürde an.
Seine eindringlichen und aufrührerischen Verse richten sich
an u.a. an die dominkanische Frau und geben ihr Rücken-
deckung und Schützenhilfe im Bestreben nach sozialer An-
erkennung. Gleichzeitig sind besonders seine Liebesgedich-
te von schlichter Schönheit und ergreifender Melancholie.